W0294163

Le Val d'Oise… à pied®

In… e 4

Dans le Val d'Oise, les PR portent une référence définie en fonction du secteur (exemples : A5, L10…), indiquée dans ce topo-guide à la rubrique Balisage de chaque circuit.

Église de Gadancourt / photo R&N Vauréal

Les itinéraires de randonnée pédestre connus sous le nom de « GR », jalonnés de marques blanc-rouge, sont une création de la Fédération française de la randonnée pédestre-CNSGR. Ils sont protégés au titre du code de la propriété intellectuelle. Les marques utilisées sont déposées à l'INPI. Nul ne peut en disposer sans autorisation expresse. Sentier de Grande Randonnée, Grande Randonnée de pays, Promenade & Randonnée, Randocitadines, « À pied en famille », « Les environs de... à pied », « Sentiers des patrimoines », « Week-ends Rando » sont des marques déposées, ainsi que les marques de couleur blanc-rouge et jaune-rouge. Les extraits de cartes figurant dans cet ouvrage sont la propriété de l'Institut géographique national. Toute reproduction est soumise à l'autorisation de ce dernier.

7e édition : juin 2021 - ISBN 978-2-7514-1142-7 © FFRandonnée 2021 © IGN 2021 (fonds de cartes) - Dépôt légal : juin 2021

TopoGuides®

Le Val d'Oise

... à pied®

PR

39 PROMENADES & RANDONNÉES

AVEC L'APPUI TECHNIQUE DU COMITÉ DÉPARTEMENTAL DE LA RANDONNÉE PÉDESTRE DU VAL D'OISE ET DE SES BÉNÉVOLES

Labellisé FFRandonnée

val d'oise
le département

FFRandonnée
les chemins, une richesse partagée
www.ffrandonnee.fr

Bien préparer sa randonnée

Un PR labellisé par le Comité départemental de la randonnée pédestre est un itinéraire reconnu de qualité (paysages variés et présence de curiosités naturelles ou historiques) et qui satisfait aux conditions de pérennité, de sécurité et de respect des milieux traversés.

Les itinéraires de Promenades et Randonnées (PR) sont en général des boucles : on part et on arrive au même endroit.

QUATRE NIVEAUX DE DIFFICULTÉ À CONNAÎTRE

Les randonnées sont classées par niveaux de difficulté. Elles sont différenciées par des couleurs dans la fiche de chaque circuit.

TRÈS FACILE > Moins de 2 heures de marche
Idéal à faire en famille, sur des chemins bien tracés.

FACILE > Moins de 3 heures de marche
Peut être faite en famille, sur des chemins avec quelques passages moins faciles.

MOYEN > Moins de 4 heures de marche
Pour les randonneurs habitués à la marche. Avec quelquefois des endroits assez sportifs et/ou des dénivelées.

DIFFICILE > Plus de 4 heures de marche
Pour des randonneurs expérimentés et sportifs. L'itinéraire est long et/ou difficile (dénivelées, passages délicats).

Durée de la randonnée

La durée est calculée sur la base d'environ 3 km/h pour les balades vertes et bleues, et de 4 km/h pour les randonnées rouges et noires. La durée indiquée tient compte de la longueur et des dénivelées. Si vous randonnez avec des enfants, reportez-vous page 8.

COMMENT SE RENDRE SUR PLACE ?

En voiture

Tous les points de départ sont accessibles par la route. Un parking, indiqué par une signalétique routière, est situé à proximité du départ de chaque randonnée. Ne laissez pas d'objet apparent dans votre véhicule.

Veillez à ce que votre véhicule ne gêne pas le passage des engins forestiers ou agricoles, même le dimanche. Il est interdit de stationner derrière les barrières de routes forestières.

Par les transports en commun

L'accès par les transports en commun est signalé à la rubrique Transport de chaque itinéraire. Attention, certains services sont réduits ou inexistants les week-ends, jours fériés et période de congés scolaires.

SNCF > tél. 36 35 (payant) ou www.oui.sncf

Cars et bus > contactez l'office du tourisme ou le syndicat d'initiative (voir coordonnées page 7)

Baladobus (navettes au départ de Cergy-Pontoise) > tél. 0 810 16 40 45 (n° azur) ou www.pnr-vexin-francais.fr

L'ÉQUIPEMENT D'UNE BONNE RANDONNÉE

Les chaussures

Les chaussures de randonnée doivent être confortables et garantir un bon maintien du pied et de la cheville. Si elles sont neuves, prenez le temps de les faire à votre pied avant. Les tennis seront limitées à une courte marche de quelques heures.

Le sac à dos

Un sac de 20 à 40 L conviendra largement pour les sorties à la journée.

Les vêtements

Le système des « 3 couches » est fondamental : sous-vêtement en fibres synthétiques, pull ou sweat en fibre polaire, coupe-vent, de préférence respirant.

Équipement complémentaire

Une paire de lacets, de la crème solaire, une casquette, des lunettes, une trousse de secours, une boussole, un appareil photo, un sifflet.

4 indispensables à ne pas oublier !

1 > Bien s'hydrater

La gourde est l'accessoire indispensable, été comme hiver.

3 > Mieux observer

En montagne ou dans un parc, **une paire de jumelles**.

2 > Toujours dans la poche !

Un couteau multifonctions.

4 > Mieux se repérer

Une lampe torche en cas de tunnel, grotte.

Autres > un pique-nique ou, pour les courtes marches, quelques provisions qui aideront à terminer un itinéraire, surtout avec des enfants.

QUAND RANDONNER ?

Avant de partir, toujours s'informer sur le temps prévu :
Météo France : tél. **3250** (payant) ou www. meteo.fr

En période estivale

Les journées longues permettent les grandes randonnées, mais attention au coup de chaleur. Il faut s'astreindre à boire beaucoup : environ 5 à 6 gorgées toutes les 20 minutes, soit au minimum 1,5 L d'eau par personne pour une demi-journée de marche.

En automne-hiver

Pendant la saison de la chasse, ne vous écartez pas des chemins balisés qui sont ouverts au public (de chaque côté du chemin, respectez les propriétés privées). En hiver, veillez à ne pas déranger la faune sauvage, observez les traces sans vouloir les suivre.

DÉSAGRÉMENTS ET DANGERS

L'orage

Ne pas rester debout sous un arbre ou un rocher, ou près d'une cabane ; s'éloigner des cours d'eau et des pylônes. S'accroupir sur ce qui peut être isolant (sac, corde), tenir les deux pieds bien serrés.

La chaleur excessive

Protégez-vous la tête et le corps, buvez souvent. Dès les premiers signes (maux de tête, nausées), il est indispensable de s'arrêter, de se mettre à l'ombre et de boire frais à petites gorgées.

N° d'urgence
Pompiers 18 (à privilégier dans le 95)
Secours 112
Samu 15
Gendarmerie 17

La baignade

Le danger principal est le choc thermique. Il faut entrer progressivement dans l'eau, et renoncer en cas de sensation anormale (grande fatigue, vertige, bourdonnements d'oreille...).

Marcher le long d'une route

Mieux vaut marcher en colonne le long d'une route. La nuit, chaque colonne empruntant la chaussée doit être signalée à l'avant (feu blanc ou jaune) et à l'arrière (feu rouge).

Quelques adresses pour vous aider

AGENCE DE DÉVELOPPEMENT ET DE RESERVATION TOURISTIQUES DU VAL D'OISE (ADRT 95)

• **Val d'Oise Tourisme**, 5, avenue de la Palette, 95300 Pontoise, tél. 01 30 73 39 20, www.valdoise-tourisme.com

OFFICES DE TOURISME (OT), SYNDICATS D'INITIATIVE (SI) ET BUREAUX D'INFORMATION TOURISTIQUE (BIT)

• **OT communautaire Royaumont - Carnelle - Pays-de-France,** tél. 01 34 68 09 90, www.royaumont-carnelle-paysdefrance.com
• **OT Auvers-sur-Oise Sausseron Impressionnistes**, tél. 01 30 36 71 81, www.tourisme-auverssuroise.fr
• **OT Cergy-Pontoise - Porte du Vexin**, tél. 01 34 41 70 60, www.ot-cergypontoise.fr
• **SI Cormeilles-en-Parisis**, tél. 01 39 97 84 58
• **OT Écouen**, tél. 01 39 90 85 32, www.grand-roissy-tourisme.com
• **OT Enghien-les-Bains**, tél. 01 34 12 41 15, www.ot-enghienlesbains.fr
• **OT l'Isle-Adam, la Vallée de l'Oise et les Trois Forêts,** tél. 01 34 69 99, www-tourisme-isleadam.fr
• **BIT Luzarches**, tél. 01 34 09 98 48, www.grand-roissy-tourisme.com
• **OT Vexin centre**, tél. 01 30 39 68 84, www.ot-vexincentre.fr
• **OT Plaine-Vallée**, tél. 01 39 64 42 94, www.plainevallee-tourisme.fr
• **OT Grand Roissy**, tél. 01 34 29 43 14, www.grand-roissy-tourisme.com
• **BIT Saint-Martin-du-Tertre**, tél. 01 30 35 95 33, www.otsi-saintmartin95.com
• **BIT Viarmes**, tél. 01 34 68 03 76, www.officetourisme-viarmes.com
• **SI Saint-Leu-la-Forêt**, tél. 01 39 95 63 04, www.tourismesaintleu.fr

FÉDÉRATION FRANÇAISE DE LA RANDONNÉE PÉDESTRE

• **Centre d'information**, 64, rue du Dessous-des-Berges, 75013 Paris, tél. 01 44 89 93 93, info@ffrandonnee.fr, www.ffrandonnee.fr

COMITÉ DÉPARTEMENTAL DE LA RANDONNÉE PÉDESTRE

• **Comité départemental de la randonnée pédestre du Val d'Oise,** Maison des Comités sportifs Jean-Bouvelle, 106, rue de Bussys, 95600 Eaubonne, val-doise@ffrandonnee.fr, www.cdrp95.com

COMITÉ RÉGIONAL DE LA RANDONNÉE PÉDESTRE

• **Comité régional de la randonnée pédestre d'Île-de-France**, hall I, BAL16, 67, rue Vergniaud, 75013 Paris, tél. 01 48 01 81 51, contact@ffrandonnee-idf.fr, www.idf.ffrandonnee.fr

HÉBERGEMENTS

• **Gîtes de France du Val d'Oise**, tél. 01 34 09 81 73, www.gites-val-doise.com

DIVERS

• **Parc naturel régional du Vexin français**, Maison du Parc, 95450 Théméricourt, tél. 01 34 48 66 10, www.pnr-vexin-francais.fr • **Parc naturel régional Oise - Pays de France**, Maison du Parc, 60560 Orry-la-Ville, tél. 03 44 63 65 65, www.parc-oise-paysdefrance.fr • **Musée du Vexin français** (Théméricourt), tél. 01 34 48 66 00 • **Maison de la Meunerie** (Valmondois), tél. 01 34 73 06 26 • **Château d'Auvers-sur-Oise**, tél. 01 34 48 48 48 • **Château de La Roche-Guyon**, tél. 01 34 79 74 42 • **Domaine de Villarceaux** (Chaussy), tél. 01 34 67 74 33 • **Musée archéologique départemental** (Guiry-en-Vexin), tél. 01 34 67 45 07 • **Musée des Tramways à vapeur et des Chemins de fer secondaires** (Butry-sur-Oise), tél. 01 34 73 04 40 • **Musée Daubigny (Auvers-sur-Oise)**, tél. 01 30 36 80 20 • **Maison-atelier Daubigny** (Auvers-sur-Oise), tél. 01 34 48 03 03 • **Collection archéologique de la mairie de Parmain**, tél. (mairie) 01 34 08 95 95 • **Auberge Ravoux dite « maison de Van Gogh »** (Auvers-sur-Oise), tél. 01 30 36 60 60 • **Jardins et château d'Ambleville**, tél. 01 34 67 98 45, www.chateauxetjardins.com • **Musée d'histoire locale de Viarmes**, tél. 01 34 68 03 76, 01 34 09 26 26 • **ARCHÉA** (Louvres), tél. 01 34 09 01 02

À CHACUN SON RYTHME...

Les enfants jusqu'à environ 7 ans

Sur le dos de ses parents jusqu'à 3 ans, l'enfant peut ensuite marcher, dit-on, un kilomètre par année d'âge. Question rythme, on suppose une progression horaire de 1 à 2 km en moyenne.

De 8 à 12 ans

On peut envisager des sorties de 10 à 15 km. Les enfants marchant bien mieux en groupe, la présence de copains favorisera leur énergie. Si le terrain ne présente pas de danger, ils apprécieront une certaine liberté, en fixant des points de rendez-vous fréquents.
Les adolescents qui sont en pleine croissance ont des besoins alimentaires plus importants que les adultes.

Les seniors

La marche a pour effet la préservation du capital osseux, et fait travailler en douceur l'appareil cardio-vasculaire. Un entretien physique régulier de 30 minutes à 1 heure de marche quotidienne est requis pour envisager de plus longues sorties. Un bilan médical est recommandé.

Où se restaurer et dormir dans la région ?

TROIS TYPES D'APPELLATION

Alimentation > pour un pique-nique : épicerie, boucherie ou traiteur, à la découverte des produits locaux.

Restauration > un café ou un restaurant, pour reprendre son souffle et savourer les spécialités du terroir.

Hébergement > de nombreuses possibilités d'hébergement existent : pour plus d'informations, **consulter le comité départemental du tourisme ou les offices de tourisme locaux.**

• • • Tableau des ressources

Asnières-sur-Oise		●	
Auvers-sur-Oise	●	●	●
Avernes			●
Bellay-en-Vexin (Le)		●	
Belloy-en-France	●	●	
Boissy-l'Aillerie	●	●	
Bouffémont	●	●	
Bray-et-Lû	●	●	●
Bréançon			●
Cergy-Saint-Christophe	●	●	●
Champagne-sur-Oise	●	●	
Chars	●	●	
Chaumontel		●	●
Chaussy		●	●
Chérence			●
Cormeilles-en-Parisis	●	●	
Écouen	●	●	●
Ennery	●	●	●
Ézanville	●	●	
Fosses	●	●	●
Frépillon	●	●	●
Génicourt	●	●	
Goussainville	●	●	●
Guiry-en-Vexin		●	●
Isle-Adam (L')	●	●	●
Jouy-le-Moutier	●	●	●
Labbeville			●
Longuesse		●	●
Luzarches	●	●	●
Maffliers	●	●	●
Magny-en-Vexin	●	●	●
Marines	●	●	●
Mériel	●	●	●
Méry-sur-Oise	●	●	●
Moisselles	●	●	
Montsoult	●	●	●
Nesles-la-Vallée	●	●	●
Parmain	●	●	●
Pontoise	●	●	●
Pont-Rû			●
Presles	●	●	
Roche-Guyon (La)	●	●	●
Ronquerolles			●
Sagy	●		
Saint-Martin-du-Tertre	●		
Saint-Ouen-l'Aumône	●	●	●
Saint-Witz	●		●
Théméricourt	●	●	●
Valmondois	●	●	●
Vauréal	●	●	
Vétheuil	●	●	●
Viarmes	●	●	●
Vigny	●	●	●
Villiers-Adam			●

Les TopoGuides®
vos partenaires rando

230 GUIDES POUR PARCOURIR LA FRANCE À PIED

POUR PRÉPARER ET RÉUSSIR VOS RANDOS

1er éditeur de guides de randonnée en France

Toute la collection sur www.MonGR.fr

facebook.com/ffrandonnee.fr

@ffrandonnee

GR LA GRANDE RANDONNÉE

FFRandonnée les chemins, une richesse partagée

www.ffrandonnee.fr

Pour mieux connaître la région

CONNAISSANCE GÉOGRAPHIQUE, TOURISTIQUE ET HISTORIQUE DE LA RÉGION

- *Carte archéologique de la Gaule, le Val d'Oise*, Conseil départemental du Val d'Oise.
- *Géographie du Val d'Oise*, Musée départemental de l'éducation.
- *120 000 ans de paysages en Val d'Oise*, Conseil départemental du Val d'Oise.
- *Jardins du Val d'Oise*, Conseil départemental du Val d'Oise.
- *Les peintres du Val d'Oise*, Éd. Sogemo.
- *Patrimoine des communes du Val d'Oise*, Éd. Flohic.
- *Pontoise 2000 ans d'histoire*, Éd. Paris.
- Collectif PNR, *Genainville, la rencontre des hommes, des arts et des dieux*, Éd. Valhermeil.
- Duhamel B., *Guide des églises du Vexin français*, Éd. Valhermeil.
- De la Tore M., *Val d'Oise, l'art et la nature de ses 185 communes*, Éd. Nathan.
- Danis C., *Châteaux et manoirs du Val d'Oise*, Éd. Valhermeil.
- Aubert J., *La grande histoire du Val d'Oise*, Éd. Edijac.
- Aubert J., *Événements mémorables du Val d'Oise*, Éd. Horvath.
- Chardon R., Ferlier J., *La chaussée Jules César à travers le Val d'Oise*, Éd. Etannets.
- Cerchiari P., *Contes et légendes du Val d'Oise*, Éd. Sutton.
- Blondeau G., *Nature secrète en Val d'Oise*, Éd. Valhermeil.
- Merienne P., *Forêts du Val d'Oise*, Éd. Ouest France.
- Tirand-Cuny A.-M., Marcin-Cuny (N.), *Le Val d'Oise en 600 questions*, éd. Archives et Culture.
- Desfossez M.-P., *Les grands peintres du Val d'Oise*, Éd. Valhermeil.
- Wagner C., *Les petits Trains et Tramway du Val d'Oise du XIXe siècle à l'an 2000*, Éd. Valhermeil.
- Couffy A., Jourdheuil M., Lhomel P., *Jardins secrets en Val d'Oise*, Éd. Valhermeil.

GUIDES TOURISTIQUES DE LA RÉGION

- *Nouveau guide du Vexin français*, Les amis du Vexin Français, éd. Valhermeil.
- *Val d'Oise*, Guide Gallimard.
- *Cergy-Pontoise entre Pays de France et Vexin*, Carto-Gallimard.
- Desfossez M.-P., Desfossez (B.), *Le guide du Val d'Oise insolite*, Éd. Valhermeil.

RANDONNÉE

- Pochettes ou fiches de randonnée pédestre des Parcs naturels régionaux Oise - Pays de France et du Vexin français : « Auvers-sur-Oise et la vallée de l'Oise » (9 circuits), « Dans la vallée du Sausseron » (8 circuits), « De la Viosne aux buttes de Rosne » (8 circuits), « De l'Aubette de Meulan à la vallée de la Montcient » (8 circuits), « Autour de la Chaussée Jules-César » (7 circuits), « Dans les vallées de l'Epte et l'Aubette à Magny » (7 circuits).
- Fiches *Sentiers du patrimoine.*
- *Le Parc naturel régional du Vexin français… à pied*, éd. FFRandonnée, réf. PN14.
- *Les environs de Paris… à pied*, éd. FFRandonnée, réf. RE01.

Pour connaître la liste des autres topo-guides de la Fédération française de la randonnée pédestre, consulter le catalogue sur le site Internet de la Fédération : www.ffrandonnee.fr

CARTES DE LA RÉGION

- **CARTE IGN SÉRIE TOP 100 AU 1 : 100 000 :** N° 108 et 109
- **CARTE IGN SÉRIE *PLEIN-AIR* AU 1 : 100 000 :** N°82005 Île-de-France
- **CARTE ROUTIÈRE IGN AU 1 : 250 000 :** N° R12 Île-de-France

Avec la Fédération Française de la Randonnée Pédestre,
VIVEZ LA RANDONNÉE
CHOISISSEZ LA FORMULE
ADAPTÉE À VOTRE PRATIQUE SUR :
www.ffrandonnee.fr rubrique « nous rejoindre »
ou sur www.MonGR.fr
LICENCE 2018-2019
LA RANDONNÉE EN CLUB
Rando Pass
N° adhérent :
Date d'expiration :
LA RANDONNÉE À VOTRE GUISE
DES AVANTAGES SPÉCIFIQUES RÉSERVÉS AUX ADHÉRENTS FFRANDONNÉE
• des formules d'assurance adaptées et spécifiques à votre pratique.
• des remises jusqu'à 25% auprès de ses partenaires : équipement, séjours et voyages.
ffrandonnee
@ffrandonnee
ffrandonnee
Contactez-nous :
• par tél. : 01 44 89 93 90
• par courriel : info@ffrandonnee.fr
Fédération Française de la Randonnée Pédestre - 64 rue du Dessous des Berges - 75013 PARIS.
Mon GR .fr
FFRandonnée
les chemins, une richesse partagée
www.ffrandonnee.fr

Suivez les balisages de la FFRandonnée

LES TYPES DE BALISAGE

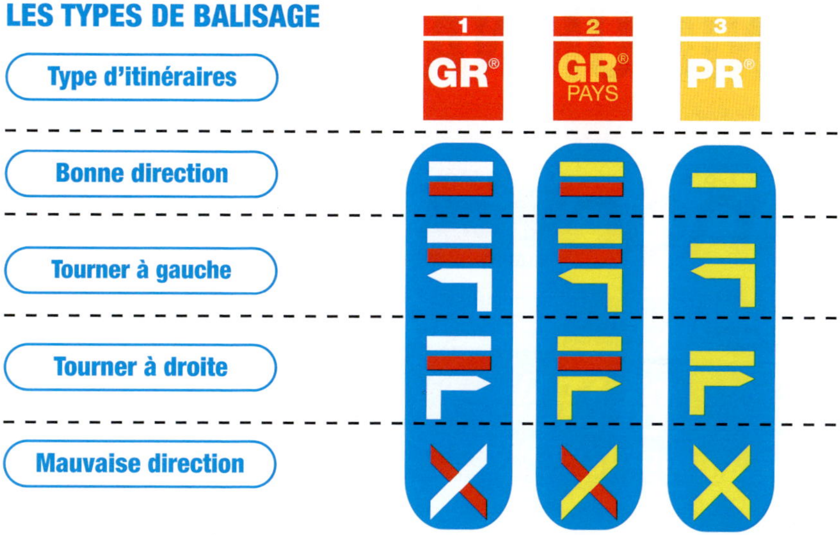

1 Grande Randonnée / 2 Grande Randonnée de Pays / 3 Promenade & Randonnée

MARQUAGES DES BALISAGES

Le jalonnement des sentiers consiste en marques de peinture sur les arbres, les rochers, les murs, les poteaux. Leur fréquence est fonction du terrain.

Dans le Val d'Oise, des plaques signalétiques sont placées aux départs et intersections des circuits.

Les baliseurs : savoir-faire et disponibilité

Pour cheminer sereinement, 8 900 bénévoles passionnés s'activent toute l'année, garants d'un réseau de 206 000 kilomètres de sentiers, sélectionnés selon des critères de qualité.

NOUVELLE FORMULE

LA RANDONNÉE GRANDEUR NATURE !

Chaque trimestre :

+ d'idées rando
+ de conseils pratiques
+ de photos

Crédit photo : Johannes Braun

LE MAGAZINE DE LA FFRandonnée

Abonnez-vous sur www.ffrandonnee.fr > Rubrique Passion Rando

Des sentiers balisés à travers toute la France

LA FFRandonnée AUJOURD'HUI

La Fédération française de la randonnée pédestre, c'est près de 250 600 adhérents, 3 477 associations affiliées, 206 000 km de sentiers balisés GR® et PR, 110 comités régionaux et départementaux, 20 000 bénévoles animateurs et baliseurs, 225 topo-guides, un magazine de randonnée *Passion Rando*, un site Internet institutionnel : www.ffrandonnee.fr et un site Internet dédié à la Grande Randonnée® : www.monGR.fr.

Passion Rando, le magazine des randonneurs

Passion Rando apporte aux amoureux de la randonnée et d'authenticité toutes les pistes de découverte des régions de France et à l'étranger, les propositions d'itinéraires, d'hébergements et des bonnes adresses.

En valorisant les actions locales d'engagement pour la défense de l'environnement et d'entretien des sentiers, *Passion Rando* porte un message sur le développement durable, la préservation de la nature et du réseau d'itinéraires de randonnée pédestre.

Abonnez-vous sur www.ffrandonnee.fr. Votre magazine est également disponible dans les kiosques.

PARTEZ ASSURÉ ET RASSURÉ AVEC LE RANDOPASS

Vous randonnez à côté de chez vous ou à l'autre bout du monde, à la journée ou en itinérance sur plusieurs jours, seul, en famille ou entre amis, le RandoPass est fait pour vous !

LES AVANTAGES

• Une **assurance spéciale « randonnée »** extrêmement performante (rapatriement, garanties, couverture, etc.).

• Une **assistance** 24 h/24 et 7j /7 en France comme à l'étranger.

• Des **réductions** auprès des partenaires voyage, équipement et hébergement de la FFRandonnée.

• Des réductions sur la boutique en ligne, offres privilégiées.

Avec le RandoPass

✔ Vous êtes rassuré(e) grâce à votre assurance.
✔ Vous êtes informé(e) des dernières actualités.
✔ Vous bénéficiez des bons plans rando.
✔ Vous soutenez les actions des bénévoles de la FFRandonnée sur le terrain.

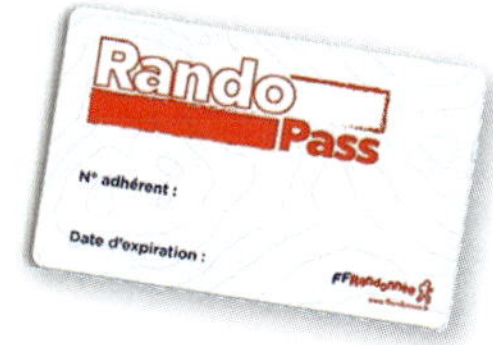

Randonnée sur l'ENS de Chars© / photo T.G./CD95

Vers un développement maîtrisé des sports de nature

Partager tout en protégeant le patrimoine naturel du Val d'Oise

Attentif au développement des sports de nature, le Département du Val d'Oise a instauré un organe de médiation et d'organisation dédié : la Commission Départementale des Espaces, Sites et Itinéraires (CDESI). Considérant le besoin de nature de chacun, le choix a été fait d'un développement durable de ces activités, dans le respect de la diversité des usages, et afin d'ouvrir les espaces naturels à despratiquants sensibilisés.

La randonnée, avec plus de quinze millions de marcheurs et randonneurs en France, est une activité permettant une reconnexion à la nature. C'est aussi le premier des sports de nature pratiqué dans le Val d'Oise. Notre département est devenu une destination ressourçante aux portes de Paris et disposant d'atouts patrimoniaux et culturels remarquables : Auvers-sur-Oise, trois abbayes cisterciennes, trois massifs domaniaux, deux Parcs naturels régionaux, vingt-cinq espaces naturels sensibles, des bords de l'Oise aménagés, ainsi qu'une future forêt dans la plaine de Pierrelaye-Bessancourt.

D'année en année, le Département mène avec ses partenaires de nouvelles actions de valorisation du territoire en améliorant notamment l'offre déjà existante en lien avec la randonnée via :
- Le recensement, le balisage et l'inscription annuelle de chemins supplémentaires au Plan Départemental des Itinéraires de Promenades et de Randonnées ;
- Des interventions pour l'entretien, la sécurisation et l'aménagement de chemins de randonnée ;
- L'amélioration de l'accessibilité des chemins aux personnes handicapées ou à mobilité réduite ;
- La création et la valorisation d'itinéraires ;
- La digitalisation des sentiers grâce à l'application MyBalade permettant de programmer et d'accéder à une multitude de ressources lors des randonnées.

Le partenariat avec les acteurs associatifs permet également de développer, au-delà de l'activité physique et sportive, les valeurs de la convivialité, du partage, de la solidarité et du respect de l'environnement chères au Comité départemental de la randonnée pédestre.

Nous vous invitons à venir pratiquer le premier des sports de nature en Val d'Oise et ainsi profiter d'un vaste réseau d'itinéraires de mieux en mieux documenté et partagé, comme vous pourrez le découvrir dans ce topo-guide.

Marie-Christine CAVECCHI
Présidente du Conseil départemental du Val d'Oise

Découvrir
le Val d'Oise

DE GAUCHE À DROITE : MIELLÉE VIVACE / PHOTO CD95 ; SOUTERRAIN À PONTOISE / PHOTO OT CERGY-PONTOISE ; LAVOIR DU PRÉSIER À VIARMES / PHOTO COMITÉ 95 ; TOUR DU GUET À SAINT-MARTIN-DU-TERTRE / PHOTO COMITÉ 95

Situé en Île-de-France, sur la frange nord de la grande couronne parisienne, le département du Val d'Oise (95), issu de la Seine-et-Oise, s'étend le long de l'Oise, affluent de la Seine. Deux Parcs naturels régionaux, du Vexin français et de l'Oise – Pays de France, protègent ses paysages très divers et riches en monuments. Avec 185 communes sur 1 246 km², sa richesse économique s'est affirmée autour de l'aéroport international Roissy-Charles-de-Gaulle, la ville nouvelle de Cergy-Pontoise, de nombreuses entreprises et un réseau de communication de premier ordre.

GUÉ MALAYE À SAINT-WITZ / PHOTO COMITÉ 95

BELLOY-EN-FRANCE / PHOTO VILLE DE BELLOY-EN-FRANCE

Territoires **Val d'Oisiens**

Malgré un centre fortement urbanisé, le Val d'Oise prend facilement des allures champêtres. Les beaux villages du Vexin français, à l'ouest, sont à découvrir le long des vallées de l'Epte et de l'Aubette. Au cœur du département, on vibre devant les clochers des églises des rives du Sausseron, de la Viosne et de l'Oise qui ont inspiré tant de peintres. La forêt de Montmorency (2 600 ha) et les rives de Seine, au sud, marquent la carte de leurs espaces boisés. Enfin le Val d'Oise, à l'est des forêts de l'Isle-Adam (2 000 ha) et de Carnelle (1 500 ha), s'aplanit vers le plateau agricole de la Plaine de France, urbanisé autour de Sarcelles, Goussainville et Gonesse.

Sous-sol et histoire d'**eau**

« Et dans le roc, qui cède et se coupe aisément, Chacun sait de sa main creuser son logement » (Boileau, *Haute-Isle,* 1677). Le sous-sol du Val d'Oise a permis de construire une partie de la capitale. Les carrières de gypse de Cormeilles-en-Parisis ont servi pour le plâtre. Celles de Méry-sur-Oise ont fourni les pierres de la façade du Petit-Palais, et bien d'autres… C'est dire si le sol du Val d'Oise est riche en histoires. Malgré certains risques d'éboulements ou « fontis », les nombreux habitats troglodytes ou « boves », anciennes caves situées à l'ouest du département, le prouvent encore.

Sous un climat océanique, entre l'Oise et la Seine, le Val d'Oise compte de nombreuses rivières, des étangs, des fontaines et des sources aux vertus guérisseuses. Des thermes gallo-romains de Genainville aux fontaines d'Hédouville ou de Wy-dit-Joli-Village, jusqu'aux eaux sulfureuses de la seule station thermale francilienne à Enghien-les-Bains, l'eau a toujours attiré les pélerins et les curistes.

Une **nature** qui résiste

BRAME DU CERF / PHOTO COMITÉ 95

Protégées par deux parcs régionaux et des réserves, la flore et la faune s'observent avec bonheur. Les points d'eau attirent naturellement les oiseaux migrateurs, comme à Cergy-Pontoise. Si le busard fréquente les plaines agricoles du Vexin, le lézard vert préfère les coteaux ensoleillés de la Seine. N'oublions pas les friches de l'aéroport de Roissy qui abritent une avifaune remarquable. Le grèbe huppé, voisinant avec les derniers grands mammifères, apprécie l'étang du château de la Chasse, au cœur de la forêt de Montmorency. La flore prolifère sur les terrains acides ou calcaires et dans les sous-bois. Dans les tourbières, la rossolie carnivore se nourrit d'insectes. La précieuse astragale de Montpellier s'épanouit sur les coteaux de La Roche-Guyon. La forêt de Carnelle abrite des espèces protégées, dont la myrtille et la grande douve. Et surtout ne cueillez pas la rare luzule des bois, il n'en reste que quelques stations en Île-de-France…

CONSOLE EN CALCAIRE REPRÉSENTANT UN ATLANTE À ROISSY-EN-FRANCE / PHOTO J-Y. LACÔTE CARPF

Les **pierres** de l'histoire

Plusieurs millénaires d'occupation humaine ont laissé des traces visibles dans le Val d'Oise, comme l'allée couverte de la Pierre Turquaise ou celle du Bois couturier. L'archéologie nous permet de comprendre ces vestiges et d'en découvrir des centaines d'autres : fermes gauloises de Louvres ou du Plessis-Gassot, voies et sites antiques à Genainville et bien sûr abbayes (Maubuisson), granges (Villeron) et châteaux médiévaux (La Roche-Guyon, Luzarches, Orville…). La découverte de ce riche patrimoine peut être un bel objectif de randonnée, tout comme les deux musées archéologiques le valorisant : ARCHÉA à Louvres et le musée d'archéologie départemental à Guiry-en-Vexin.

Un **Gotha** très illustré

Les paysages et les premiers transports ferroviaires furent pour beaucoup dans la fréquentation artistique des rives de l'Oise et de la Seine. Daubigny puis Van Gogh, qui y est enterré avec son frère, s'installèrent à Auvers-sur-Oise. Pissarro et ses amis furent les habitués de Pontoise. Ils ne doivent pas porter ombrage aux souvenirs de Fragonard au pavillon chinois de Cassan, à L'Isle-Adam, de Rousseau herborisant à Montmorency et, plus lointain, de saint Louis qui fonda l'abbaye de Royaumont au XIIIe siècle, second site le plus visité, après Auvers-sur-Oise, de ce département aux attraits remarquables.

Je suis la porte dite pontoise

LES REMPARTS DE PONTOISE / PHOTO COMITÉ 95

Les Gaulois traversaient l'Oise au gué de Saint-Martin. Poursuivant leur course vers la mer, les Romains édifièrent un pont en bois de chêne. Avec la construction de la chaussée Jules-César, Brivisara devint un carrefour routier et fluvial très important. Avant la fin du millénaire, Pontoise se développa pour se protéger des Normands et des invasions étrangères, se fortifia. Au début du XIe siècle, on construisit un solide pont en pierre, la cité devint ville frontière et première défense au nord-ouest de Paris. Entre Epte et l'Oise, l'ancienne capitale du Vexin vivait d'un beau pays qu'elle protégeait des convoitises des envahisseurs.

Au XVIe siècle, le franciscain Taillepied disait : « le Vequecin a chair et poisson, terre et eau, bleds et vignes, bois et prés, estangs et rivières, petites montagnes et doulces vallées, chaux et plastre, pierre et briques, villes et châteaux…, bref il n'y a pays au monde plus commode à l'entretenement de la vie humaine, tant pour la sérénité de l'air que l'abondance des vivres qui y sont quand il court bon temps. » L'époque médiévale est celle de la prospérité, l'activité religieuse est intense. C'est une ville industrieuse et commerçante, la foire Saint-Martin est l'une des plus importantes du royaume de France, on y boit le ginglet et on y déguste le hareng. La guerre de Cent Ans éprouve durement la cité, qui tombe sous le joug « anglois » ; Charles VII en personne la libère. Pontoise fut longtemps résidence royale. De nos jours, c'est une ville d'art et d'histoire, devenue porte du Parc naturel régional du Vexin français.

Le Parc naturel régional du Vexin français

Créé en 1995, le Parc compte 99 communes qui œuvrent aux côtés des départements du Val d'Oise et des Yvelines et de la Région Île-de-France pour un développement harmonieux de leur territoire, fondé sur la préservation et la valorisation des patrimoines naturels, paysagers et bâtis. Entité naturelle et historique fortement marquée, le Vexin français a conservé le charme authentique d'une région à vocation agricole, s'étendant des coteaux de la Seine aux vallées verdoyantes de la Viosne ou du Sausseron.

VALLÉE DE L'EPTE / PHOTO PNRVF

Renseignements : tél. 01 34 48 66 10
ou www.pnr-vexin-francais.fr

Le Parc naturel régional Oise – Pays de France

Le Parc regroupe 59 communes de l'Oise et du Val d'Oise. Véritable poumon vert au nord de Paris grâce à ses trois massifs forestiers d'Halatte, Chantilly et Ermenonville, c'est un paradis pour les randonneurs. Majesté des frondaisons, densité de sites prestigieux – Chantilly, Senlis, abbaye de Royaumont –, villages de caractère et charme bucolique des petites vallées : voici les trésors qu'on y découvre. Le Parc a pour objectifs de protéger ces richesses, de maîtriser l'évolution du territoire et de promouvoir un développement économique respectueux de l'environnement.

Renseignements : tél. 03 44 63 65 65
ou www.parc-oise-paysdefrance.fr

ABBAYE DE ROYAUMONT / PHOTO COMITÉ 95

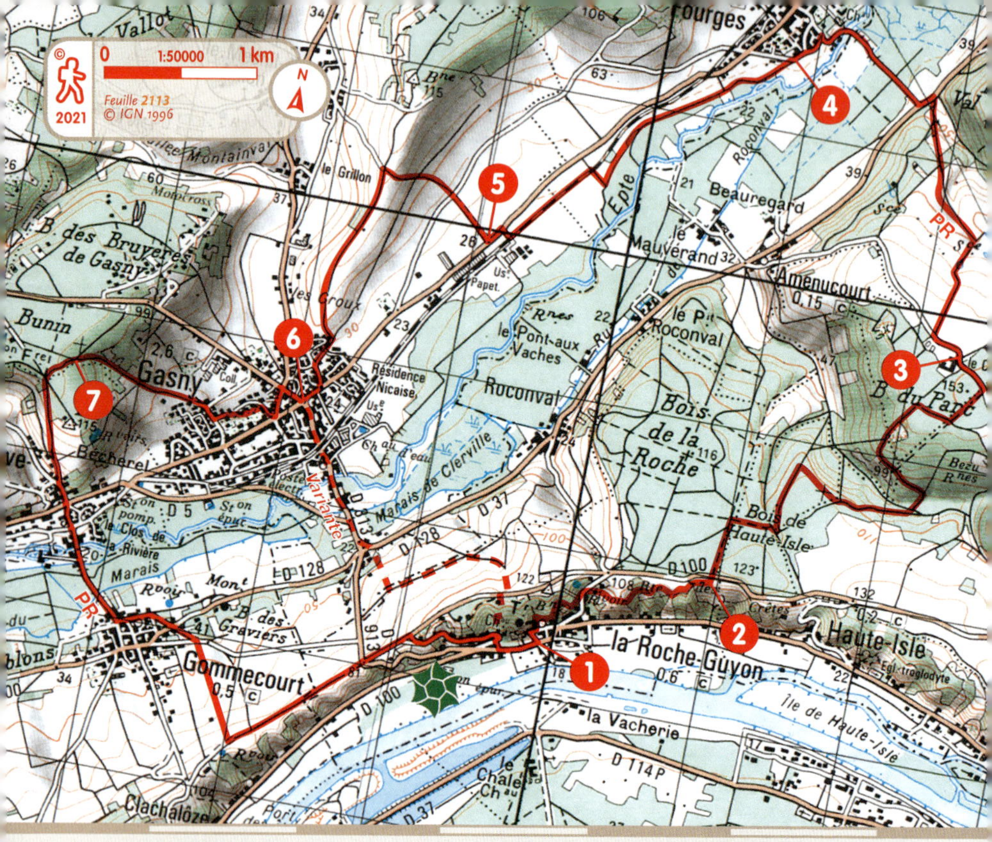

ENVIRONNEMENT

La réserve nationale des Coteaux de la Seine

Les versants calcaires et les falaises qui dominent les boucles de la Seine constituent l'un des milieux les plus rares du Bassin parisien. Jusqu'au début du siècle, les coteaux étaient essentiellement plantés de vignes et de vergers. Ceci permettait de maintenir des espaces ouverts et d'empêcher la colonisation par les arbres et les arbustes. L'abandon de ces pratiques au XXe siècle a entraîné la prolifération d'un boisement spontané, et par conséquent une grande diminution de la diversité animale et végétale. Afin d'éviter ce phénomène, le Parc naturel régional du Vexin français a engagé en 1999 une action de restauration et de gestion des coteaux calcaires bordant la Seine, entre Gommecourt et Vétheuil.

Anémone pulsatile / photo CD95

Entre **Seine** et **Epte**

Entre Vexin français et Vexin normand, le circuit part à la découverte de La Roche-Guyon et des villages alentour qui dominent les boucles de la Seine.

1 Du château, monter par l'escalier entre l'église et le château (GR® 2) et parcourir le sentier en sous-bois. Couper la route devant le château d'eau et continuer sur 800 m par un sentier en balcon.

2 Monter à gauche (GR® de Pays), traverser la D 100 et s'engager dans l'allée forestière sur 400 m. Prendre le chemin à droite sur 300 m, puis tourner à gauche. Après 500 m, bifurquer à droite (⚠ **> bien suivre le balisage)**. Après environ 2,5 km, arriver sur une petite route ; la suivre à gauche jusqu'à la ferme du Chesnay (le GR® de Pays file à droite).

3 Poursuivre sur la route sur 250 m, puis à droite sur une allée bordée de peupliers. À gauche, un chemin herbeux descend à la D 37. S'avancer à gauche, puis à droite vers Fourges. Franchir l'Epte et longer le moulin. À l'entrée du village, suivre à gauche la rue des Fossés.

4 Continuer sur un chemin en lisière du bois. Après un bosquet sur la droite, tourner à droite, puis à gauche. Aux bâtiments, bifurquer à droite et emprunter la D 5 à gauche sur 100 m.

5 Monter à droite par le chemin herbeux, couper une route, puis un chemin. En haut, suivre la ligne de crête à gauche jusqu'à Gasny. À la route, prendre la deuxième rue à gauche, puis la première à droite. Parvenir à un rond-point.

> Variante : partir à gauche sur 900 m jusqu'à la D 128 ; traverser le carrefour et dans l'angle à gauche, monter les quelque marches et continuer sur un chemin herbeux. À mi-pente, tourner à gauche puis à droite. Traverser la route des crêtes et l'emprunter à gauche sur 20 m. S'engager à droite, puis dans le chemin creux à droite et descendre à gauche vers La Roche-Guyon.

6 Suivre la D 313 à droite, tourner à gauche, puis au rond-point à droite. Au bout du parking, emprunter la sente à gauche. Au bout, prendre à droite et, 100 m plus loin, obliquer à gauche et gagner le bois Bunin.

7 Au premier carrefour, bifurquer à gauche sur 300 m, descendre en direction de Sainte-Geneviève-les-Gasny (GR® 2). Traverser la D 5 et rejoindre Gommecourt en face. Suivre à gauche la rue des Batards, puis à droite le chemin de Sainte-Geneviève, couper deux routes et gagner les crêtes. Tourner à gauche, traverser la D 913 et descendre par la rue à droite pour revenir à La Roche-Guyon.

1

5h30
21,5km

S SITUATION
La Roche-Guyon, à 17 km au nord-est de Mantes par les D 983 et D 913
Coordonnées UTM :
31 T 399900-5437370

P PARKING
Domaine régional

T TRANSPORT
gare Saint-Lazare ligne N direction Mantes-La-Jolie, puis navette

/ DÉNIVELÉE
altitude mini et maxi, dénivelée cumulée à la montée

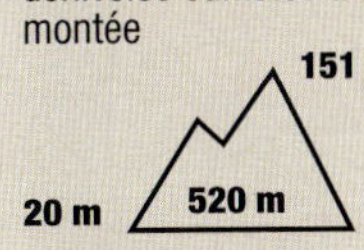

B BALISAGE **V1**
jaune

À DÉCOUVRIR...

> En chemin :
- La Roche-Guyon : donjon XIIIe, château XVe-XVIIIe, église Saint-Samson XVe-XVIe
- Fourges : moulin XVIIIe, église Saint-Pierre XIIe-XIVe, château XVIIe
- Gasny : église XVIe, restes du prieuré XVe
- Sainte-Geneviève-lès-Gasny : motte féodale et basse-cour du Malassys XIIe

> Dans la région :
- route des crêtes dominant les vallées de l'Epte et de la Seine
- Haute-Isle : église troglodytique de l'Assomption
- sentier des patrimoines de Haute-Isle
- réserve naturelle des coteaux de la Seine (RNF)

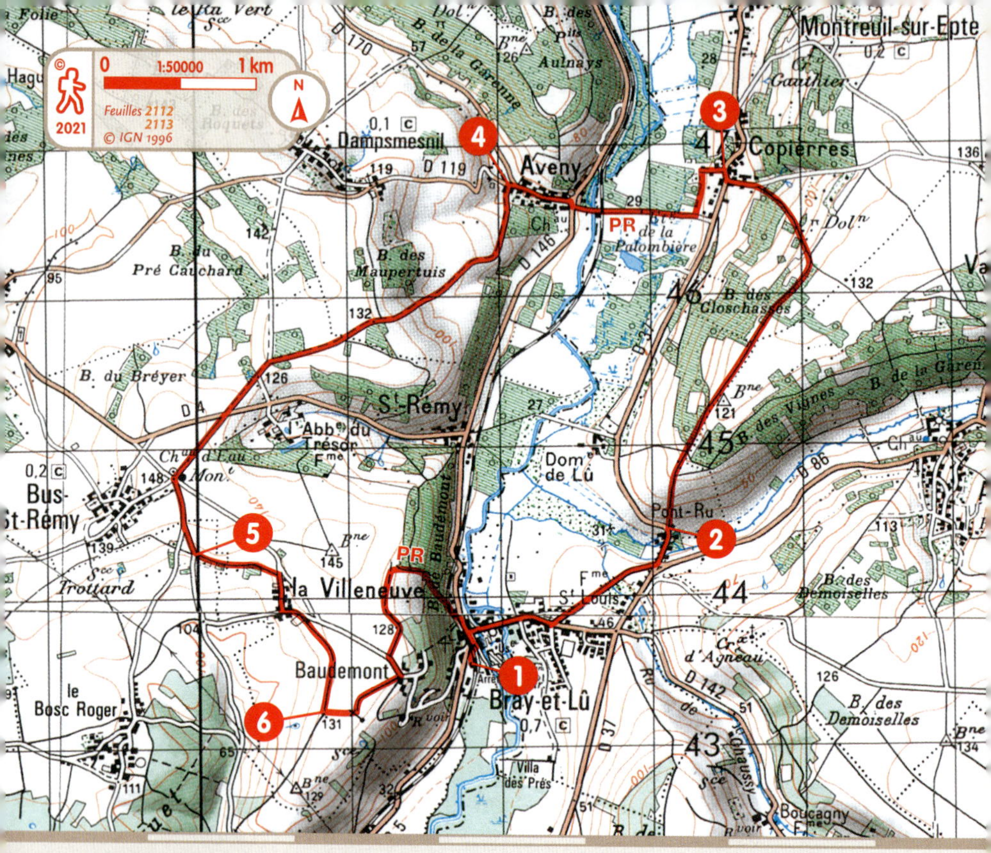

ÉCONOMIE

La Vieille Montagne

Source d'emplois, l'usine de la Vieille Montagne a une importance considérable dans la vie de Bray-et-Lû. Son implantation, en 1837, sur le site d'un ancien moulin, apporta une cohésion et une solidarité dans une des rares communes du Vexin français où l'activité agricole était réduite. Le village était alors majoritairement peuplé d'ouvriers de l'usine. En 1850, elle emploie 140 personnes. L'activité de l'usine est la transformation du zinc. Elle occupe six hectares et se compose de plusieurs ateliers : une fonderie, huit laminoirs, une zinguerie et une filature. Au XIXe siècle, l'église du village tombant en ruine, l'usine fournit un terrain pour construire le nouvel édifice. La toiture du clocher fut réalisée avec le zinc de la fabrique.

Église de la Nativité-de-la-Sainte-Vierge à Bray-et-Lû / photo Comité 95

Coteaux et abords de l'Epte

SUREAU / DESSIN P.R.

Bray-et-Lû possédait trois forteresses féodales ; les vestiges de l'une d'elles sont encore visibles à Baudemont, d'où le panorama donne sur la vallée de l'Epte. Le cours de cette rivière sert de limite naturelle avec le département de l'Eure.

1 Quitter le parking pour atteindre le centre-ville. Au rond-point, prendre à gauche, puis à droite à un carrefour (D 86). Franchir l'Epte et traverser Bray-et-Lû [👁 > église Notre-Dame]. Au rond-point, bifurquer à gauche (D 86) et atteindre un croisement avec la D 37. Descendre sur la gauche (GR® de Pays) pour franchir l'Aubette.

2 Après l'ancienne scierie de Pont-Ru, quitter la route en montant tout droit par un chemin de terre. Continuer en face : passer en bordure de bois, puis à travers les cultures et enfin en sous-bois. Arriver à une bifurcation à la sortie du bois. Descendre à gauche (le GR® de Pays file tout droit). À la route, tourner à gauche vers Copierres. Suivre à droite la rue principale sur 50 m.

3 À la placette, aller à gauche. Après 200 m, obliquer à gauche, puis emprunter à droite une petite route qui conduit à Aveny en passant devant l'ancienne gare et en franchissant l'Epte. Face au château-restaurant, tourner à droite, puis tout de suite à gauche sur la D 119. À la bifurcation, aller en face sur quelques mètres.

4 Un chemin à gauche monte sur le plateau et débouche sur la D 4. Poursuivre en face jusqu'au château d'eau. Prendre alors la deuxième route à gauche. À la fourche (jonction avec le circuit « les Coteaux de Fourges »), prendre la direction de Fourges.

5 S'engager sur le premier chemin à gauche. Près de l'abri, bifurquer à droite, puis à gauche. À la sortie de la Villeneuve (bosquet), tourner à droite sur un chemin terreux. Après 700 m, atteindre un carrefour.

6 Se diriger à gauche, puis à nouveau à gauche. En arrivant sur la route à Baudemont [👁 > ruines du château], prendre à gauche sur 300 m. Emprunter à droite le chemin de terre jusqu'à la ligne électrique. Descendre en lisière le bois, puis le traverser par un petit sentier pentu. Franchir l'ancienne voie ferrée et tourner à droite pour rejoindre le point de départ.

2

3h30
14km

S SITUATION
Bray-et-Lû, à 11 km à l'ouest de Magny-en-Vexin par la D 86
Coordonnées UTM : 31 T 401790-5443770

P PARKING
devant l'ancienne gare

T TRANSPORT
RER ligne C Pontoise ou gare du Nord ligne H direction Pontoise, puis bus

DÉNIVELÉE
altitude mini et maxi, dénivelée cumulée à la montée

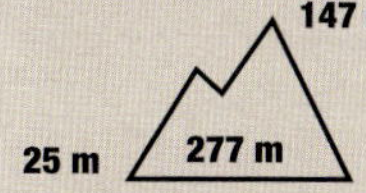

B BALISAGE **V3**
jaune

À DÉCOUVRIR...

> En chemin :
- Bray-et-Lû : église Notre-Dame XIIe–XIXe
- Aveny : pont XVe, château XVe
- Baudemont : ruines du château

> Dans la région :
- Dampsmesnil : allée couverte
- Copierres : allée couverte
- Château-sur-Epte : restes du château XIIe
- Fourges : rives de l'Epte, marais de Frocourt (ENS)
- La Roche-Guyon : arboretum, château

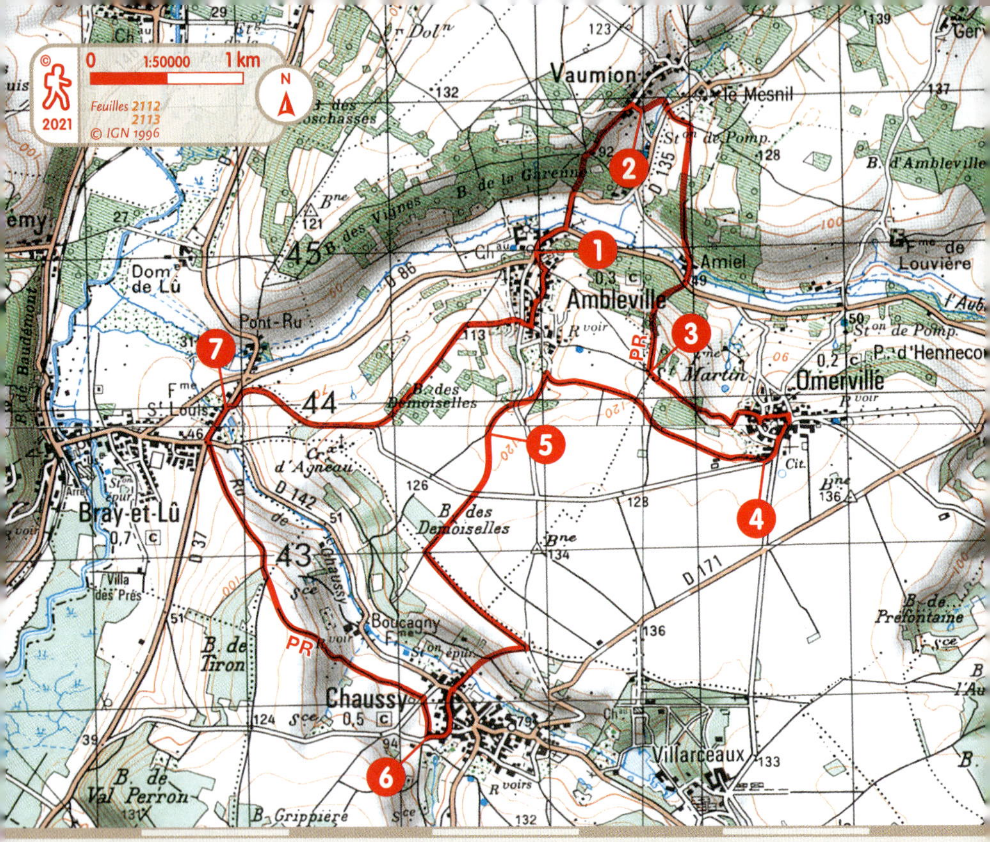

PATRIMOINE

Omerville, village remarquable du Vexin français

Omerville est mentionné dans un document datant de l'an mille, mais l'occupation du site est probablement plus ancienne, comme l'attestent les découvertes d'objets préhistoriques dans les communes voisines. Ensemble architectural situé de part et d'autre de la rivière Aubette de Magny, le village offre des monuments profanes ou religieux estimés remarquables, tels le manoir Renaissance de Mornay-Villarceaux et l'église Saint-Martin. Considérée comme un superbe spécimen de l'art roman vexinois, celle-ci abrite dans son chœur une gisante du début du XIVe siècle, dont le nom est inconnu, mais que les spécialistes jugent digne d'une nécropole royale.

Mur en pierres sèches à Omerville / photo Comité 95

Par ailleurs, l'architecture de pierres sèches du village est une des plus notables du Vexin français.

Les **balcons** d'**Ambleville**

BERGERONNETTE GRISE / DESSIN P.R.

Dominant l'Aubette de Magny, le sentier découvre sur son éperon le village minéral d'Omerville, les jardins à l'italienne du château d'Ambleville, les rues du vieux village de Chaussy.

1 Du château, partir à gauche, rue de la Mairie. Au calvaire, tourner à gauche et franchir l'Aubette. Dans le virage, s'engager dans le bois de la Garenne et grimper à droite par un petit sentier. Au croisement, poursuivre en face et gagner Vaumion par le chemin en balcon. Emprunter la route à droite sur 100 m.

2 Tourner à gauche, puis à droite. Traverser la D 135 et filer en face. Au croisement, obliquer à droite à travers champs, puis descendre dans le bois pour aboutir à Amiel. Prolonger par la route et traverser la D 86. Pénétrer dans le bois en face et monter sur le plateau.

3 Au carrefour, tourner à gauche, et descendre vers Omerville. À l'entrée du village, emprunter à droite la rue des Fontaines, monter l'escalier, puis continuer rue du Four-à-Banc pour arriver place Saint-Martin. Prendre à droite et continuer dans la rue Charles-de-Gaulle. Obliquer à droite devant la mare.

4 Après 70 m, bifurquer sur un chemin à droite qui traverse le plateau. Au bois, aller en face. Après un virage à droite, aller à gauche, puis s'orienter à droite. Couper la route et poursuivre en face sur un chemin herbeux sur 300 m.

5 À la fourche, prendre à gauche, traverser une route. S'engager sur le deuxième chemin à gauche, puis descendre à droite pour arriver à Chaussy. Franchir le carrefour et s'avancer rue du Val.

6 Aux dernières maisons, emprunter à droite un chemin herbeux. Traverser une route, continuer sur 600 m, bifurquer à gauche et de suite à droite, pour gagner le sommet du coteau. Descendre alors à droite (GR® de Pays) jusqu'à Bray-et-Lû. Suivre la D 37 en face sur 200 m.

7 Quitter le GR® de Pays par la petite route qui monte à droite. Dans le virage à droite, s'engager sur un chemin à gauche et rester sur cette voie principale qui s'oriente ensuite à droite. Couper deux routes, puis descendre à gauche par la rue Haute. Poursuivre à gauche par la rue du Cimetière pour retrouver le point de départ.

3

4 h
16 km

S SITUATION
Ambleville, à 7 km à l'ouest de Magny-en-Vexin par la D 86
Coordonnées UTM : 31 T 404970-5445010

P PARKING
devant le château

/ DÉNIVELÉE
altitude mini et maxi, dénivelée cumulée à la montée

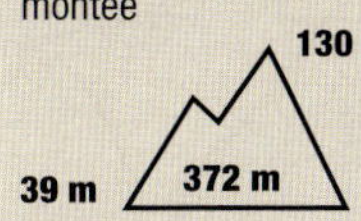

B BALISAGE **V11**
jaune

À DÉCOUVRIR...

> En chemin :
- Ambleville : château Renaissance XVIIe, église néo-romane XIXe
- Omerville : église Saint-Martin XIe-XVIe, manoir d'Omerville (hôtel des Essarts) XVe, vieilles maisons près de l'église, deux croix pattées dont « la croix Fromage », la croix quatre pieds, calvaire au cimetière XVe
- Chaussy : église Saint-Crépin-Saint-Crépinien XIIe remaniée au XVIIIe

> Dans la région :
- la Louvière, ancienne commanderie des Hospitaliers
- Chaussy : domaine de Villarceaux avec ses jardins à l'italienne, son château vieux et son château neuf (appartient à la Région Île-de-France)

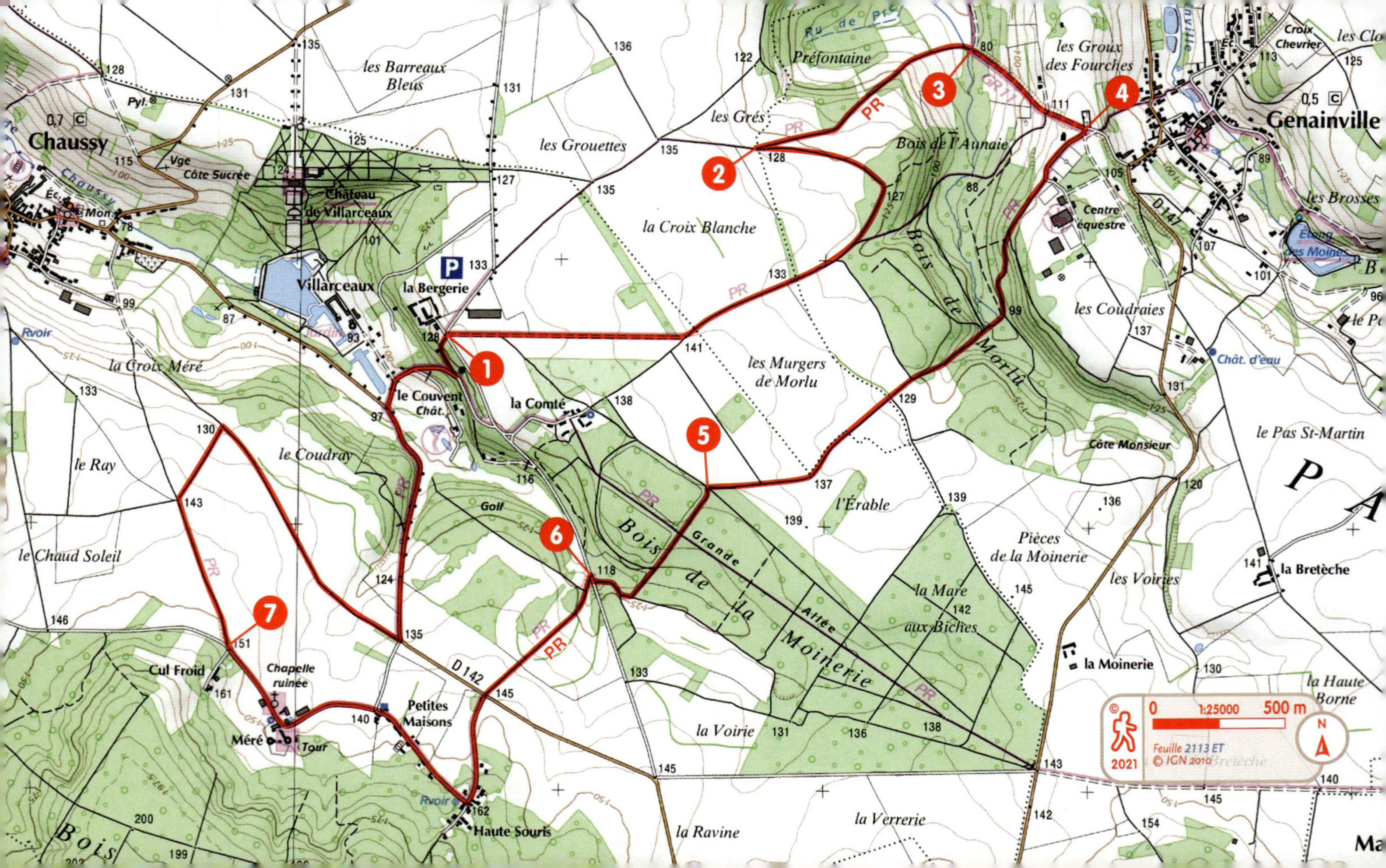

Chaussy
Genainville
Villarceaux
Château de Villarceaux
la Bergerie
le Couvent
Chât.
la Comté
les Barreaux Bleus
les Grouettes
la Croix Blanche
les Grés
Préfontaine
les Groux des Fourches
Bois de l'Aunaie
Bois de Morlu
les Murgers de Morlu
l'Érable
Bois de la Moinerie
Grande Allée
la Mare aux Biches
Pièces de la Moinerie
les Voiries
la Bretèche
la Moinerie
la Haute Borne
le Pas St-Martin
les Coudraies
Centre équestre
Côte Monsieur
Châl. d'eau
Étang des Moines
les Brosses
Croix Chevrier
le Coudray
la Croix Méré
le Ray
le Chaud Soleil
Cul Froid
Chapelle ruinée
Méré
Tour
Petites Maisons
Haute Souris
la Voirie
la Ravine
la Verrerie
Golf
Côte Sucrée
D 142
D 147
GR 11
PR
1
2
3
4
5
6
7
0 1:25000 500 m
Feuille 2113 ET
© IGN 2010
© 2021
N

Les **jardins** de **Ninon**

4

3h10
12,5km

Du manoir de Méré près du « Cul Froid », la vue s'étend sur la campagne vexinoise. Dans le parc du domaine de Villarceaux, on retrouve peut-être une éternelle jeunesse à la fontaine de Jouvence…

1 De la ferme de la Bergerie, traverser la route et suivre le chemin en face. Ignorer un chemin à droite, continuer, puis entrer dans le bois. À la fourche, poursuivre à gauche, sortir du bois, puis continuer sur 400 m.

2 À un embranchement peu visible, obliquer en angle aigu à droite et descendre par le chemin dans le vallon. Franchir le ru [👁 > zone humide de marais boisé].

3 Remonter en face jusqu'au cimetière de Genainville.

4 Prendre la route à droite, entre le stade et la salle des Fêtes. Poursuivre par le chemin qui longe le centre équestre à droite, descendre dans le bois [👁 > sur la droite, en contre-bas, fougère scolopendre] et rester sur le chemin le plus large. Remonter en face et filer tout droit par le chemin à travers champs [👁 > divers rapaces sont parfois visibles].

5 En lisière, tourner à gauche pour descendre dans le bois de la Moinerie. À l'orée du bois, se diriger à droite et contourner une parcelle clôturée. Au bout, aller à droite et déboucher sur une route ; l'emprunter à droite sur quelques mètres.

6 S'engager sur le chemin à gauche, et aller tout droit à travers le golf. Couper la route et continuer en face vers Haute-Souris. Dans le hameau, emprunter à droite la rue des Petites-Maisons. Longer des vergers et un lavoir. Ignorer la route à droite, dépasser la ferme remarquable de Méré en prenant à droite et gagner Cul-Froid.

7 À l'entrée du hameau, bifurquer sur le chemin à droite [👁 > point de vue sur les paysages du Vexin]. Au carrefour, au milieu des champs [👁 > vue sur le château de Villarceaux], tourner à droite. Au golf, aller à droite, puis descendre par la D 142 à gauche. Au niveau des étangs de Villarceaux, bifurquer à droite vers le golf [👁 > à droite, le Petit Château], monter, puis emprunter le chemin à gauche pour revenir à la ferme.

DOMAINE DE VILLARCEAUX / PHOTO PNRVF

S SITUATION
Chaussy, à 8 km au sud-ouest de Magny-en-Vexin
Coordonnées UTM :
31 T 406160-5441360

P PARKING
la Bergerie, domaine de Villarceaux, à 1 km à l'est du village par la D 142

/ DÉNIVELÉE
altitude mini et maxi, dénivelée cumulée à la montée

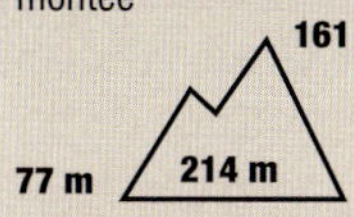

B BALISAGE **B6**
jaune

À DÉCOUVRIR...

> En chemin :

- domaine de Villarceaux : château, tour de Ninon
- ferme de la Bergerie
- ferme manoir du Méré
- points de vue sur la vallée de l'Aubette de Magny

> Dans la région :

- Magny-en-Vexin : église Notre-Dame XIIIe-XVIIe, piliers XVIIIe
- Omerville : maisons anciennes
- Genainville : église Saint-Pierre XIIIe-XVIe (double nef)
- site gallo-romain des Vaux-de-la-Celle, étang des Moines (pêche)

HISTOIRE

Le domaine de Villarceaux

Sur un domaine de 70 hectares se côtoient des bâtiments et des jardins de toutes les époques depuis le Moyen Âge. Dans le vallon, les vestiges de la maison forte du XIIIe siècle, les jardins clos et les viviers étagés témoignent d'une vie en autarcie. À la Renaissance, le domaine s'étend et les communs sont adjoints au manoir. L'influence de l'Italie y est sensible. De sources en fontaines, cascades, canaux puis miroirs, l'eau guide la promenade. Au XVIIe siècle, la « Tour de Ninon » abrite les amours célèbres de Louis de Mornay, marquis de Villarceaux, et de Ninon de Lenclos. Le château « d'en haut », édifié au XVIIIe siècle, s'approprie les paysages jusqu'à l'horizon par des jeux de mises en scène spectaculaires. La grande perspective du XIIe siècle se déploie sur un axe nord-sud. On accède au château d'en haut par un long tapis vert bordé de statues et rythmé par une succession de vertugadins engazonnés reliant rampes et escaliers. Préservé pendant la Révolution, le domaine de Villarceaux continue à se développer au XIXe siècle (orangerie, serre).

Depuis 1989, le conseil régional d'Île-de-France assure la restauration, l'entretien, la promotion et l'ouverture au public du domaine.

Salle à manger du château de Villarceaux / photo Domaine de Villarceaux/Région Île-de-France

Jardins de Villarceaux / photo PNRVF

ARTS ET LITTÉRATURE

Ninon de Lenclos, courtisane et femme savante

« Mon Dieu, faites de moi la femme que vous voudrez, pourvu que je sois un honnête homme », telle était la prière de Ninon, selon Voltaire. Le fut-elle ? Mlle de Scudéry la dépeint « de fort belle taille et d'une grandeur agréable, capable de plaire à tout le monde par un certain air libre et naturel ». La Fontaine, Racine, Molière, Saint-Évremond, tous vantèrent son esprit. Elle enseignait, écrit M. de Chavagnac, « la manière jolie de faire l'amour ». Sa présence à Villarceaux : légende ou réalité ? Trois jours, trois ans ? Qu'importe ! On y visite toujours le manoir de Ninon, les bassins de Ninon, les fontaines, les bosquets évoquent ses amours avec Louis de Mornay. Elle eut une foule d'adorateurs, parmi les plus grands : Richelieu, Condé, Coligny, les Sévigné père et fils, Saint-Évremond… Courtisane dès seize ans, elle accorda ses faveurs jusqu'à un âge très avancé. Peut-être était-ce dû à « l'eau de Ninon » qui la conserva « belle et fraîche et d'une santé parfaite jusqu'à 90 ans ». Rien de plus couru que la société de Ninon. À l'inverse des précieuses de l'hôtel de Rambouillet, ces « jansénistes de l'amour », son salon est sans affectation. Mme de Sévigné qui ne l'aimait guère en témoigne : « Elle rassemble tout sur ses vieux jours et les hommes et les femmes ». À sa mort, elle légua à Voltaire « une somme pour acheter des livres ».

Portrait de Françoise Scarron / photo Comité 95

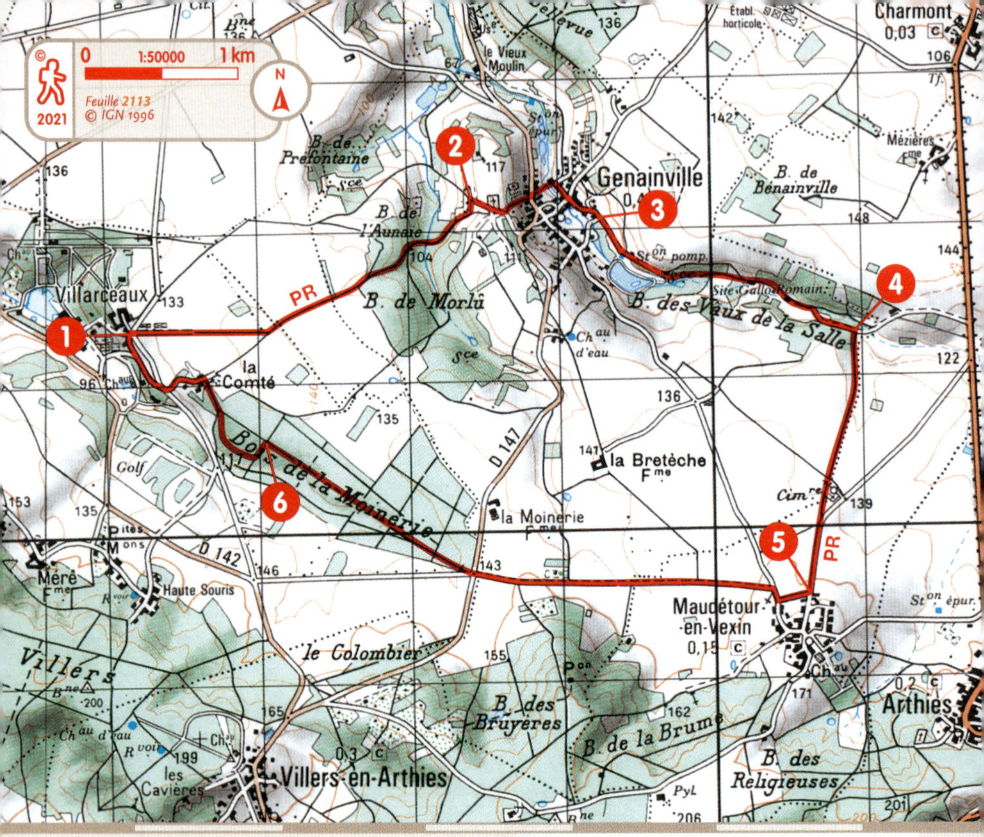

ARCHÉOLOGIE

Les Vaux-de-la-Celle

Situé au creux d'un vallon, le sanctuaire des Vaux-de-la-Celle révèle la richesse de la civilisation gallo-romaine. Les vestiges visibles sont exceptionnels : un théâtre ou amphithéâtre monumental de 115 mètres de diamètre pouvant recevoir près de 4000 personnes ; un pavillon de maître avec hypocauste (système de chauffage par le sol) ; un temple flanqué d'une nymphée où les pèlerins pouvaient effectuer leurs ablutions. Un autre bassin, plus petit, a livré un ensemble de sculptures ; elles sont visibles, avec plus de 4000 objets (monnaies, céramiques, parures), au musée archéologique du Val d'Oise de Guiry-en-Vexin.

Site archéologique à Genainville / photo CD95

Le **Vallon** des **Vaux-de-la-Celle**

5

3h30
13km

Sur ce parcours cohabitent des ruines romaines, des châteaux, des vieilles fermes, mais aussi des vaches salers. À la ferme de la Bergerie, on pratique sur 400 ha l'agriculture biologique.

1 De la ferme de la Bergerie, traverser la route et suivre le chemin en face. Ignorer un chemin à droite, continuer, puis entrer dans le bois de Morlu. À la fourche, descendre à droite, franchir un ru et remonter jusqu'à un large chemin.

2 Poursuivre à droite (GR® 11) jusqu'au cimetière de Genainville. Juste après celui-ci, descendre à gauche par un chemin, traverser la D 147 et continuer en face entre les maisons. Prendre la rue de la Serée à droite, puis en face la rue Porcheron.

3 Prolonger par le chemin de Pontoise qui longe l'étang des Moines, puis le site archéologique gallo-romain.

4 Après le site, s'engager à droite, sortir du bois et filer tout droit vers Maudétour-en-Vexin.

5 Dès l'entrée du village, tourner à droite. Au bout de la rue, prendre à droite, puis à gauche sur un chemin rectiligne (ligne électrique) jusqu'à l'entrée du bois de la Moinerie. Passer la barrière et continuer par la Grande Allée qui traverse le bois.

6 Après 1,5 km, s'avancer à gauche sur 150 m, puis à droite et rejoindre le hameau de la Comté. Emprunter la rue à gauche, puis au carrefour avec la D 142, descendre par la route en face en direction du golf. Au virage, s'engager sur le chemin qui monte à la ferme.

AIL DES OURS / DESSIN P.R.

S SITUATION
Chaussy, à 8 km au sud-ouest de Magny-en-Vexin
Coordonnées UTM :
31 T 406160-5441360

P PARKING
la Bergerie, domaine de Villarceaux, à 1 km à l'est du village par la D142

/ DÉNIVELÉE
altitude mini et maxi, dénivelée cumulée à la montée

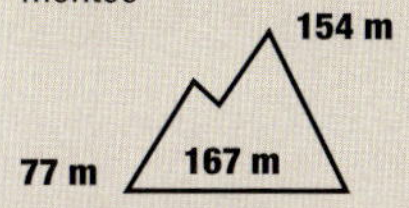

B BALISAGE **B7**
jaune

À DÉCOUVRIR...

> En chemin :
- Chaussy : ferme de la Bergerie (propriété de la fondation Charles Léopold Mayer)
- Genainville : site gallo-romain des Vaux-de-la-Celle, église Saint-Pierre XIIIe-XVIe, étang des Moines
- Maudétour-en-Vexin : château XVIIIe, croix XVIIe (visible à 300 m)
- dans les bois : orchis pourpre, ail des ours

> Dans la région :
- Chaussy : croix pattée XIIe
- Arthies : château XVe-XVIe
- Villers-en-Arthies : château XVIIe, église Saint-Martin XIIe-XVe
- Aincourt : maison forte XVe, église Saint-Martin XIIe-XIXe
- Hodent : ancien prieuré des bénédictins avec porche XVe

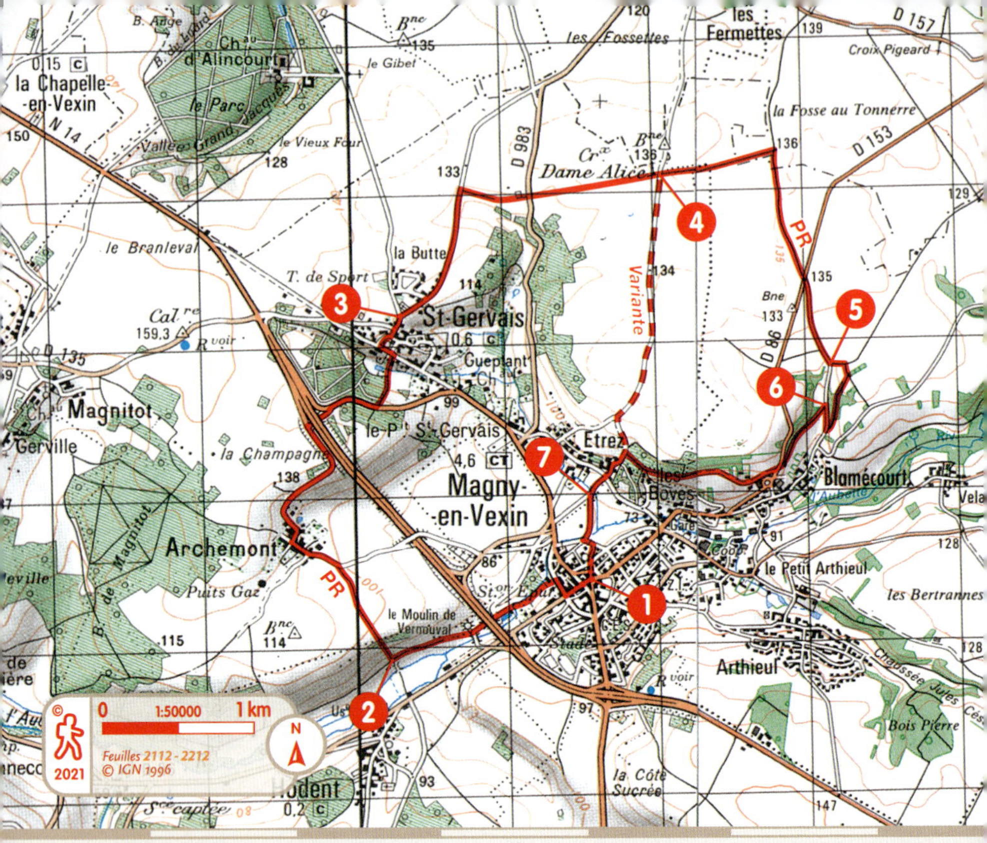

GÉOGRAPHIE

Anciennes communes du Vexin

Autrefois indépendantes, Blamécourt, Arthieul et Velannes sont aujourd'hui rattachées à la commune de Magny-en-Vexin.

Le village de Blamécourt domine la vallée de l'Aubette ; la grande ferme conserve en partie un corps de logis de l'ancienne demeure seigneuriale.

Situé dans un petit vallon, le hameau d'Arthieul est traversé par la chaussée Jules-César, ancienne voie romaine. Il existait un château érigé sur un flanc de la colline, qui fut détruit en 1824. L'ancienne mairie abrite désormais une école.

Le village de Velannes comprend deux hameaux : Velannes-la-Ville près de l'Aubette et Velanne-le-Bois, écart (hameau isolé dans les bois) isolé mais qui possédait autrefois une chapelle dédiée à Saint-Leu-Saint-Gilles. Après le démembrement, le premier hameau fut rattaché à Arthieul et le second à Blamécourt.

ÉGLISE DE MAGNY-EN-VEXIN / PHOTO COMITÉ 95

Magny, Saint-Gervais, Blamécourt

Autrefois ceinturée de fortifications, la ville de Magny-en-Vexin mérite une visite. Elle possède un remarquable ensemble architectural s'échelonnant sur quatre siècles.

1 De la place de la Halle, prendre la rue Carnot [> admirer au croisement avec la rue de l'Hôtel-de-Ville, la maison dite de Henry II (1555)]. Après l'hôpital, prendre à droite boulevard des Ursulines, puis à gauche le sentier goudronné longeant l'école et l'Aubette. Franchir un petit pont de bois, puis s'avancer à gauche sur un large chemin (GR® 11) passant sous un tunnel. Filer tout droit [> moulin à droite] et atteindre un croisement.

2 Quitter le GR® 11 en montant à droite. Traverser le village d'Archemont par la rue principale qui monte sur le coteau, puis passe sous la N 14. Longer la D 983 sur 300 m, puis prendre à gauche un chemin le long d'un mur de pierre. À Saint-Gervais, emprunter la route à gauche, puis tourner à droite par la rue de l'Église. Après l'église, au carrefour, poursuivre par la route à gauche.

3 Suivre la route à droite vers Montagny sur 900 m. Se diriger à droite sur le chemin ; plus loin couper la D 983, avec prudence. Poursuivre en face sur un chemin traversant le plateau céréalier. Atteindre un croisement.

> Variante : possibilité de rejoindre rapidement Magny-en-Vexin par le chemin à droite.

4 Continuer en face, puis tourner à droite. Couper la D 86 et prendre en face.

5 Quitter la petite route pour le premier chemin à gauche. Après 100 m, obliquer à droite, puis de nouveau à droite sur une petite route. Au bout de la rue, remonter à droite sur 300 m.

6 Un chemin à gauche mène à la D 86. Continuer en face sur le chemin des Vignes. Serrer à droite en lisière du bois. À la route [> château à gauche], prendre la deuxième à gauche pour gagner Estréez. Au carrefour, aller en face sur 100 m.

7 Tourner à gauche sur un sentier le long d'un ruisseau. Traverser la D 86 et poursuivre en face. Franchir l'Aubette et prendre l'allée à gauche [> lavoir sur la droite]. Après la barrière, prendre la petite ruelle à droite. De l'église, rejoindre la place de la Halle en empruntant la rue de l'église.

6

3 h
13 km

S SITUATION
Magny-en-Vexin, à 27 km au nord-ouest de Cergy-Pontoise par les A 15 et N 14
Coordonnées UTM :
31 T 411550-5445430

P PARKING
place de la Halle ou centre-ville

/ DÉNIVELÉE
altitude mini et maxi, dénivelée cumulée à la montée

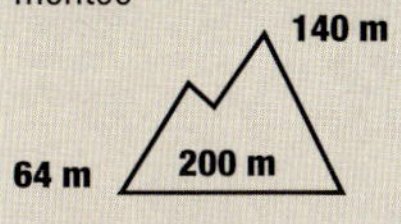

B BALISAGE **V7**
jaune

À DÉCOUVRIR...

> En chemin :
- Magny-en-Vexin : église Notre-Dame XIIIe-XVIIe, piliers rue de Paris XVIIIe, château des Boves, vieilles maisons dont la maison dite « Henri II », lavoir, couvent des Cordeliers
- Saint-Gervais : église Saint-Gervais-Saint-Protais XIIe–XVIe

> Dans la région :
- Saint-Clair-sur-Epte : chapelle de l'Hermitage et fontaine miraculeuse Saint-Clair, musée de la Pomme, église Saint-Clair IXe-XVIe

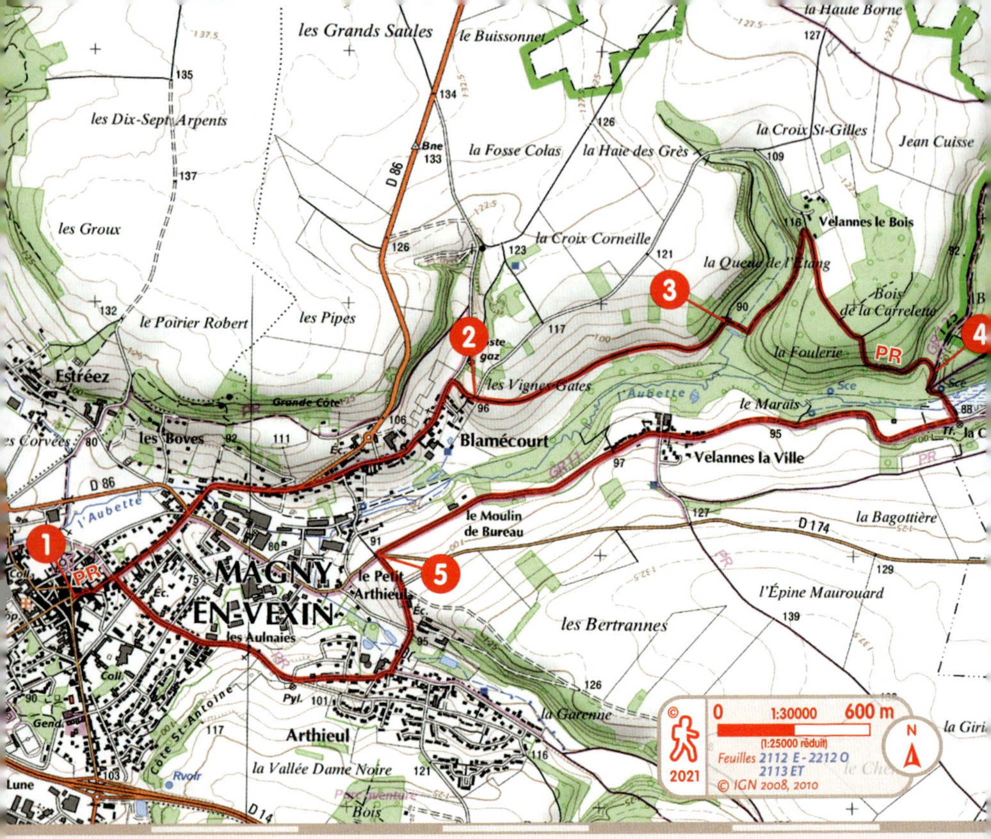

GÉOGRAPHIE

L'Aubette de Magny

L'Aubette de Magny prend sa source au lieu-dit la Cressonnière, sur la commune de Nucourt. Après un parcours de 15 kilomètres, elle se jette dans l'Epte au domaine de Lû (commune de Bray-et-Lû). Deux sources permanentes alimentent la rivière : celle de l'ancien lavoir et celle des cressonnières. C'est en effet grâce à l'eau de cette source que fut exploité le cresson au XIXe siècle. La vallée de l'Aubette de Magny est encaissée et étroite. La rivière reçoit les eaux du ru du lavoir, du ru de Genainville et enfin du ru de Chaussy. Autrefois, l'Aubette était jalonnée de 26 lavoirs, 6 fontaines et 15 moulins. Une filature et des fabriques de bouchons animaient naguère la vallée.

LAVOIR AU BORD DE L'AUBETTE À MAGNY-EN-VEXIN / PHOTO COMITÉ 95

Chemin de la Queue de l'Étang

Autour de l'Aubette de Magny, le circuit part à la découverte des hameaux de Velannes, Blamécourt et Arthieul.

PILIERS À L'ENTRÉE DE MAGNY-EN-VEXIN / PHOTO COMITÉ 95

1 De la place de la Halle, prendre la rue de Beauvais (D 86) en direction de Blamécourt. Dans la côte juste après l'ancienne gare, bifurquer à droite rue André-et-Maurice-Guesnier et traverser Blamécourt. À la sortie du village, tourner à droite vers Velannes-le-Bois.

2 Après 100 m, dans le virage, s'engager en face sur le chemin de plaine, chemin rural n° 7 de la Queue de l'Étang, et poursuivre jusqu'au bois de la Carrelette.

3 Ignorer à main gauche le chemin fermé par une barrière et poursuivre à droite par le chemin qui descend dans le marais, puis à gauche, à flanc de colline, sur un magnifique chemin en sous-bois qui monte à Velannes-le-Bois. Prendre alors le chemin à droite, puis après 600 m, suivre le deuxième chemin à droite, le chemin du Moulin de Nucourt ; il rejoint le GR® 125 et le GR® 11.

4 Descendre à droite jusqu'à la Cressonnière et atteindre un croisement en T. S'avancer à droite (GR® 11), traverser le hameau de Velannes-la-Ville et prolonger tout droit jusqu'à la D 174.

5 La traverser et prendre en face la rue des Tourelles (le GR® 11 file à droite). Passer devant l'école Jean-Moulin et descendre jusqu'à la rue du Village. Tourner à droite et poursuivre par la rue É.-Blouin jusqu'à la D 86 à Magny-en-Vexin. Par la gauche, retrouver le départ.

7

3 h
9 km

S SITUATION
Magny-en-Vexin, à 27 km au nord-ouest de Cergy-Pontoise par les A 15 et D 14
Coordonnées UTM : 31 T 411550-5445430

P PARKING
place de la Halle ou centre-ville

DÉNIVELÉE
altitude mini et maxi, dénivelée cumulée à la montée

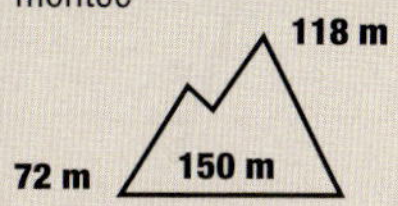

B BALISAGE **V10**
jaune

À DÉCOUVRIR...

En chemin :
- Magny-en-Vexin : église Notre-Dame XIIIe-XVIIe, vieilles maisons dont l'hôtel de l'Écu de France, l'hôtel du marquis de Guiry, l'hôtel de Brière, l'hôtel de ville (XVIIIe) et une maison Renaissance datant de 1555, piliers rue de Paris XVIIIe

Dans la région :
- Serans : église Saint-Denis XIe-XVIe, château XVIIe
- haute vallée de l'Aubette

le Maroc
le Plessis
le Veneur
les Tavernes
le Calvaire
le Clos
du Tillay
la Hanette
le Parc
les Feuches
Cléry-en-Vexin
Sous le Bâtiment
la Champagne
les Neuf
Arpents
Vallée Tibère
D14
les Glaises
les Étocs
la Haie Brûlée
le Fief
Chopin
la Croisette
Allée
couverte
les Bruyères
Forêt Départementale
de Morval
la Haute Borne
Ru de la Défonce
PR
la Garenne
le Palet
de Gargantua
Croix
de la Just
la Remise
des Alouettes
les Landrins
les Vignes
le Plateau
D175
Sur les Quais
Guiry-en-Vexin
Tonnelière
Station
météorologique
le Bateau
la Naurotte
Chât.
St. épur.
le Campernon
Sce
St-Romain
le Moulin
Ru de Guiry
la Vallée
D 159
les Rochettes
la Mare
d'Engrais
le Cabin
Ruines
la Pièce
de la Fontaine
Croix
Bouillette
Bois
de Beauregard
Wy-dit-Joli-Village
les Boissières
Croix Cardot
l'Argilière
Sous le P
Bois
de la Pierre Droite
le Chemin
des Meuniers
le Grand
Chemin
Centre
équestre
Gadanc
la Beauce
la Queue de Laie
l'Unival
RÉGIONAL
la Fosse
aux Corbeaux
le Jardin
Jolivet
le Pommerot
Carrefour
des Quatre Chemins
Source
du Puits Perc
Source
de la Peureuse
les Quarante Arpents
le Chemin
de Lainville
la Voie
1
2
3
4
5
6
0
1:25000
500 m
2021
Feuille 2113 ET
© IGN 2010
N

Autour du **bois** de **Morval**

Des fonds frais au sommet de la butte, par l'allée couverte, le circuit chemine en un paysage de causse méridional.

1 Du parking, suivre la rue Saint-Nicolas en direction de Wy-dit-Joli-Village, puis prendre la route à gauche en direction de Gadancourt. Au village, passer devant le château et l'église et continuer tout droit par la rue des Bruyères qui mène à la sortie du village. Traverser la route Avernes – Wy et poursuivre en face.

2 Au premier embranchement, dans le virage, prendre le chemin en face, puis le premier à droite. Dépasser un bois et arriver à un carrefour juste avant les premières maisons de Wy-dit-Joli-Village.

3 Tourner à droite, puis à gauche sur la route. Par la rue de la Mairie à droite, passer devant le musée de l'Outil, puis tourner à gauche à l'église. À la placette, bifurquer à droite pour sortir du village. Au carrefour après le cimetière, filer tout droit sur la D 175, puis à la bifurcation marquée d'une maison (ancienne gare), poursuivre à droite en direction du bois de Morval.

4 En lisière, s'engager sur l'allée principale sur 20 m, puis tourner à droite sur l'allée forestière. À l'intersection suivante, prendre à gauche l'allée qui franchit le vallon et monte sur l'autre versant. En haut, le chemin vire à droite et atteint une bifurcation.

> Possibilité d'aller jusqu'à l'allée couverte à 300 m en prenant à gauche (revenir par le même chemin).

5 Redescendre en sous-bois jusqu'à l'allée principale ; la prendre sur la gauche [👁 > une grande prairie occupe le fond de vallon, aménagée de tables de pique-nique].

6 Au bout de la prairie, prendre à droite un chemin qui longe l'ancien parc du château jusqu'à Guiry. Rejoindre ainsi la rue du Lavoir, puis la rue Saint-Nicolas et le parking à gauche.

OPHRYS ABEILLE / DESSIN P.R.

8

3 h
9,5 km

S SITUATION
Guiry-en-Vexin, à 21 km au nord-ouest de Cergy-Pontoise par les A 15, N 14 et D 159
Coordonnées UTM : 31 T 416030-5440110

P PARKING
Grande-Rue, près du musée archéologique départemental

T TRANSPORT
RER ligne C Pontoise ou gare du Nord ligne H direction Pontoise, puis bus direction Bray-et-Lû ou Magny-en-Vexin

/ DÉNIVELÉE
altitude mini et maxi, dénivelée cumulée à la montée

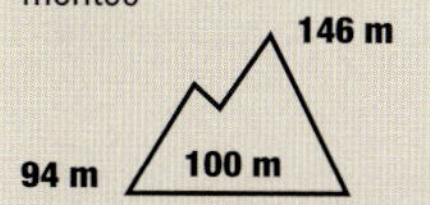

B BALISAGE **M6**
jaune

À DÉCOUVRIR...

> En chemin :
- château privé de Gadancourt
- Guiry-en-Vexin : musée archéologique
- allée couverte néolithique du bois de Morval
- pelouses calcicoles (calcaires) le long du ru de Guiry (orchidées)
- Wy-dit-Joli-village : musée de l'Outil

> Dans la région :
- Théméricourt : musée du Vexin français
- Sagy : musée de la Moisson
- Frémainville : forêt régionale de Galluis
- Gaillon-sur-Montcient : château XVIe, moulins
- Seraincourt : moulins, église Saint-Sulpice XIe-XIVe

ENVIRONNEMENT

Le bois de Morval

Le bois de Morval possède un patrimoine naturel remarquable dû à la diversité des formations végétales présentes : milieux ouverts et semi ouverts (pelouse, verger, étang), haies et lisières, milieux forestiers (chênaie-ormaie, aulnaie-frênaie de milieu humide). Entouré de cultures céréalières et de plantations telles que les peupleraies, le bois de Morval constitue un maillon dans un réseau de petits bois répartis dans la vallée. Ce réseau est particulièrement important pour les oiseaux, les reptiles, les amphibiens et les insectes. Les milieux ouverts qui s'étaient boisés progressivement suite à des plantations ou à l'abandon de la gestion, sont en cours de restauration. Une partie des résineux est notamment en cours d'élimination afin de retrouver des prairies.

ARCHÉOLOGIE

L'allée couverte du bois Couturier

L'allée couverte du bois Couturier compte parmi les plus beaux monuments mégalithiques du Vexin français. Classée monument historique en 1958, elle mesure 8,5 m de long sur 2 m de large et 1,45 m de haut. Sa chambre funéraire est

la seule du Val d'Oise à posséder des parois de pierres sèches. Vestibule et couverture sont faits de dalles calcaires. Le « bois Couturier » est par ailleurs l'unique dolmen du département dont le chevet est arrondi. L'accès du vestibule à la chambre funéraire se fait par un trou ovale pratiqué dans une grande dalle verticale. Fait rare, le bouchon de pierre a été trouvé sur les lieux. Il fait maintenant partie de la collection du musée archéologique départemental de Guiry-en-Vexin qui abrite également une collection d'intérêt national. La visite permet de parcourir trois salles consacrées à cette période fondamentale que fut le Néolithique. Une salle est consacrée à la géologie régionale.

De haut en bas :
Allée couverte du bois Couturier / photo CD95 ;
Bois de Morval / photo CD95

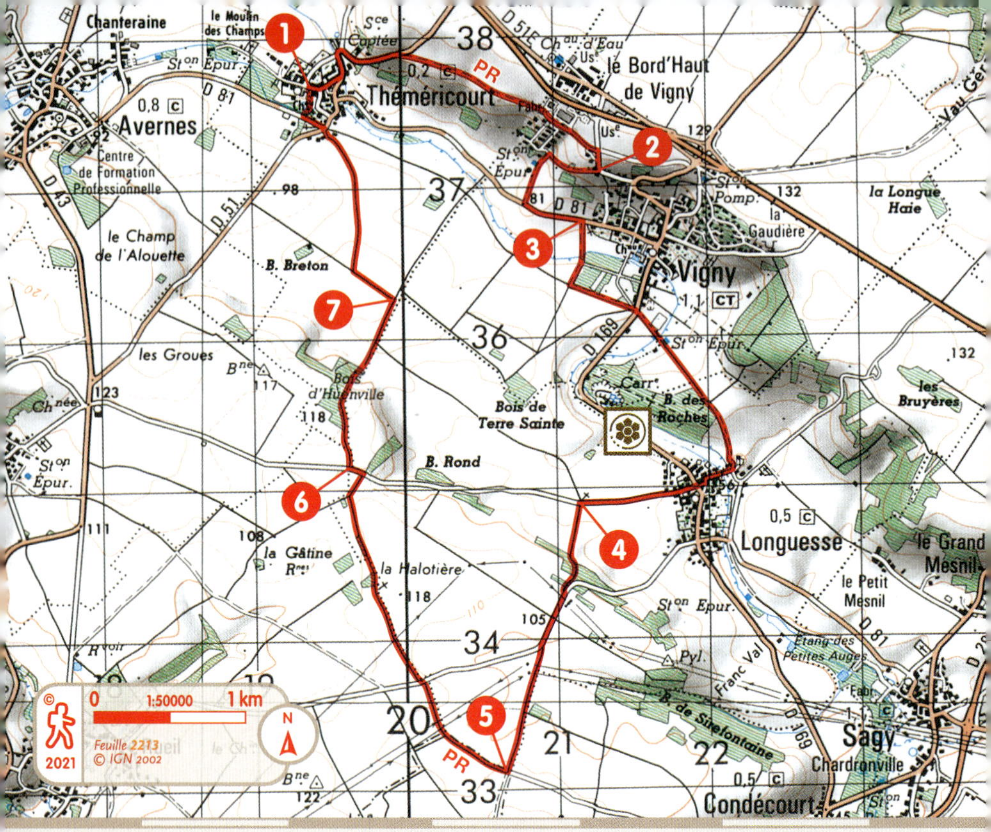

HISTOIRE

TOPONYMIE ET PASSÉ VITICOLE

Par le passé, les textes désignaient comme « français » les vins produits en Île-de-France, occupant en Vexin nombre de petits propriétaires dans des vignes repérables par de grands échalas supportant les ceps. Nous retrouvons le témoignage de cette activité à la lecture des noms de certains lieux-dits : La Vigneronne, le Val des Vignes, le Bois des Vignes. Par ailleurs, Les Groues, les Grouettes désignaient de bons terroirs souvent occupés par des vignobles. Ces vins « français », réputés légers et dont la production, quoique morcelée, fut abondante jusqu'à la fin du XVIIIe siècle, étaient pour partie acheminés via la Seine vers les marchands et taverniers de la capitale, et aussi vers Rouen puis les ports de la mer du Nord ; le reste était consommé sur place.

GRAPPE DE RAISINS / PHOTO COMITÉ 95

La chaussée Brunehaut

Suivons un peu une antique voie qui menait peut-être vers l'Austrasie dont la reine, au VIIe siècle, se nommait Brunehaut.

FOSSILE DE CÉRITHE À VIGNY / PHOTO CD95

1 Du parking, se diriger vers la place du château (place du Président-Chevalier). Prendre à droite la rue A.-Abos, passer devant la mairie et continuer par la rue de la Ferme-Jaucourt. Suivre la D 51 à gauche, puis la rue de Beauvais à droite. À la sortie du village, s'engager à droite sur le premier chemin qui mène par le coteau à Vigny. Après des bâtiments, descendre par la route sur 100 m.

2 À l'entrée du virage, emprunter à droite un chemin de terre. À la station d'épuration, tourner à gauche le long de peupliers. Se diriger vers le village par la D 81.

3 À l'entrée de Vigny, un chemin à droite longe le mur du château ; continuer sur la gauche jusqu'à la D 169. Poursuivre en face (GR® 1) sur le chemin menant à Longuesse. Tourner à droite dans la rue du Moulin. Une petite rue à droite conduit à la D 169. Prendre en face la rue des Baudes.

4 Face au calvaire (la Croix rouge), s'engager à gauche sur le chemin dit chaussée Brunehaut. Monter à travers champs, et après un petit bois, rejoindre une route ; la suivre en face. Dans le virage, quitter le goudron en serrant à gauche.

5 Au croisement, prendre à droite, passer sous les lignes haute tension et rejoindre la route de Longuesse à Rueil. Poursuivre par le chemin en décalage de 20 m sur la gauche. Passer de nouveau sous les lignes haute tension [> croix pattée d'Orléans] et continuer jusqu'à la route de Longuesse à Frémainville ; la traverser face au bois, puis la longer vers la gauche 60 m.

6 Se diriger à droite vers un petit bois. Suivre sa lisière à main droite en direction d'un terrain de motocross. Parvenu à hauteur d'une barrière, prendre, toujours en lisière, le sentier creux à droite, puis en face le chemin d'exploitation.

7 Au croisement, tourner à gauche dans la plaine et, 300 m plus loin, à droite. Parvenir ainsi à l'entrée de Théméricourt. Traverser la D 51 et rejoindre le parking de la Maison du Parc.

9

3h30
14km

S SITUATION
Théméricourt, à 17 km au nord-ouest de Pontoise par la D 14
Coordonnées UTM :
31 T 419370-5437680

P PARKING
Maison du Parc (fermeture à 18 h)

/ DÉNIVELÉE
altitude mini et maxi, dénivelée cumulée à la montée

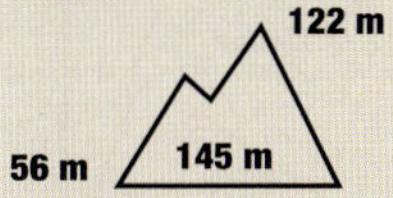

B BALISAGE **M2**
jaune

À DÉCOUVRIR...

> En chemin :
- château de Théméricourt
- château de Vigny (privé)
- croix pattée (croix d'Orléans)
- carrières de Vigny (ENS)

> Dans la région :
- Guiry-en-Vexin : musée archéologique
- chaussée Jules César
- Seraincourt : moulins, église Saint-Sulpice XIe-XIVe
- sentier des patrimoines de Vigny

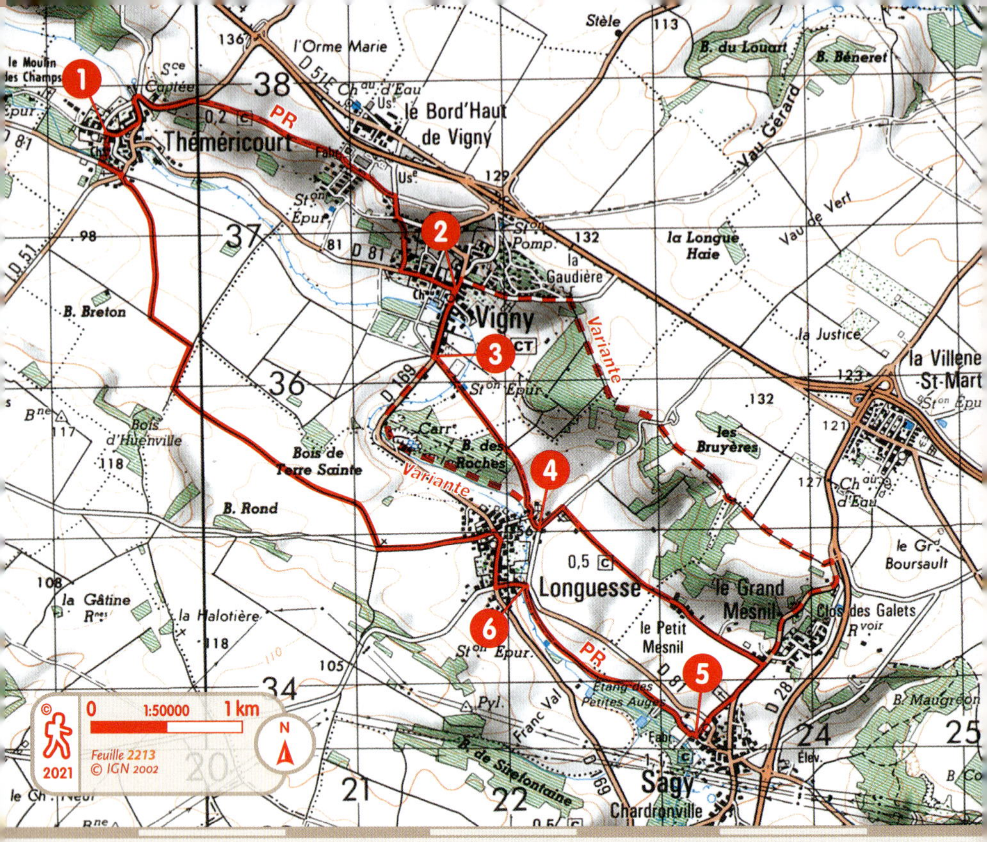

HISTOIRE

VOYAGE EN TACOT...

La compagnie des chemins de fer de grande banlieue (CGB) ouvrit la ligne Meulan / Sagy en 1913. Celle-ci rejoignait la ligne Pontoise / Sagy / Magny-en-Vexin et desservait Longuesse (halte), Vigny (gare), Théméricourt (halte), Avernes (gare) pour se poursuivre vers Magny-en-Vexin. Le tacot de la vallée de l'Aubette mettait 1h30 pour faire les 36 km entre Meulan et Magny-en-Vexin. Facilitant le transport des cultures céréalières, betteravières et les produits frais maraîchers pour les halles de Paris, il fut surnommé le « Transcarotte ». Il disparut à l'automne 1948.

À visiter, le musée des tramways à vapeur et des chemins de fer secondaires français (MTVS) à Butry-sur-Oise.

TACOT / PHOTO MTVS

Circuit des **anciennes gares**

Hirondelle rustique / dessin P.R.

Théméricourt, Vigny, Longuesse, Sagy, furent autrefois des noms de petites gares desservies par le « tacot ».

1 De la place du Château, prendre à droite rue A.-Abos, puis rue de la Ferme-Jaucourt. Monter à gauche par la D 51. En haut du coteau, s'engager sur le premier chemin à droite [👁 > panorama sur le Vexin]. Au croisement après les bâtiments, descendre vers Vigny. Au virage, continuer en face par le chemin du Bourbier. Arrivé sur la D 81, longer l'enceinte du château de Vigny vers la gauche et gagner la place d'Ambroise.

> Variante par le haut du coteau : aller à gauche, rue du Général-Leclerc, puis à droite, rue Marie. Au bout, un chemin à droite longe le parc de Vigny. Traverser une petite route et continuer par le chemin dit de Poissy. À la D 28, ne pas traverser, mais tourner de suite à droite et gagner le bas du hameau du Grand Mesnil.

2 Par la rue de la Comté à droite (GR® 1), sortir du village [👁 > église] et atteindre un carrefour.

> Variante : continuer tout droit (gare). Un sentier s'écarte de la route, dépasse la carrière de Vigny et rejoint le circuit principal au Moulin.

3 Suivre le large chemin de terre à gauche jusqu'à Longuesse.

4 Prendre à gauche la rue Moulin (le GR® 1 file à droite) et juste après le cimetière, s'avancer à droite à travers champs. Traverser le Petit Mesnil, passer devant le musée de la Moisson. Au Grand Mesnil, tourner sur la route à droite et gagner l'église de Sagy. Filer en face, rue du Moulin.

5 Aller à droite, rue de l'Abreuvoir (GR® 1) et, au stade, prendre à droite le chemin de Longuesse en lisière.

6 À Longuesse, aller à gauche, rue de l'Aubette [👁 > pont et lavoir] et atteindre la Grande-Rue ; la suivre à droite. Après l'église, bifurquer à gauche sur la D 169, puis encore à gauche, rue des Baudes. Continuer sur le plateau agricole sur 700 m. À la croix, obliquer à droite et atteindre un chemin transversal. Tourner à droite (nord). Après 1,2 km, avant le ruisseau, aller à gauche par un large chemin (ancienne voie ferrée) vers Théméricourt. Au village, traverser la D 51, puis rejoindre à droite le départ.

10

3h45
15km

S SITUATION
Théméricourt, à 17 km au nord-ouest de Pontoise par la D 14
Coordonnées UTM :
31 T 419370-5437680

P PARKING
Maison du Parc (fermeture à 18 h)

/ DÉNIVELÉE
altitude mini et maxi, dénivelée cumulée à la montée

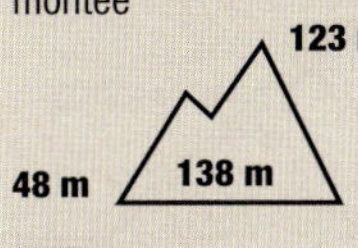

B BALISAGE **M5**
jaune

À DÉCOUVRIR...

> En chemin :
- site géologique de Vigny
- musée de la Moisson
- châteaux de Théméricourt et Vigny (privé)
- Longuesse : église Saint-Gildas XIIe-XVIe

> Dans la région :
- Condécourt : château de Vilette
- Seraincourt : moulins, église Saint-Sulpice XIe-XIVe
- Guiry-en-Vexin : musée archéologique, croix pattée (croix d'Orléans)
- sentier des patrimoines de Vigny

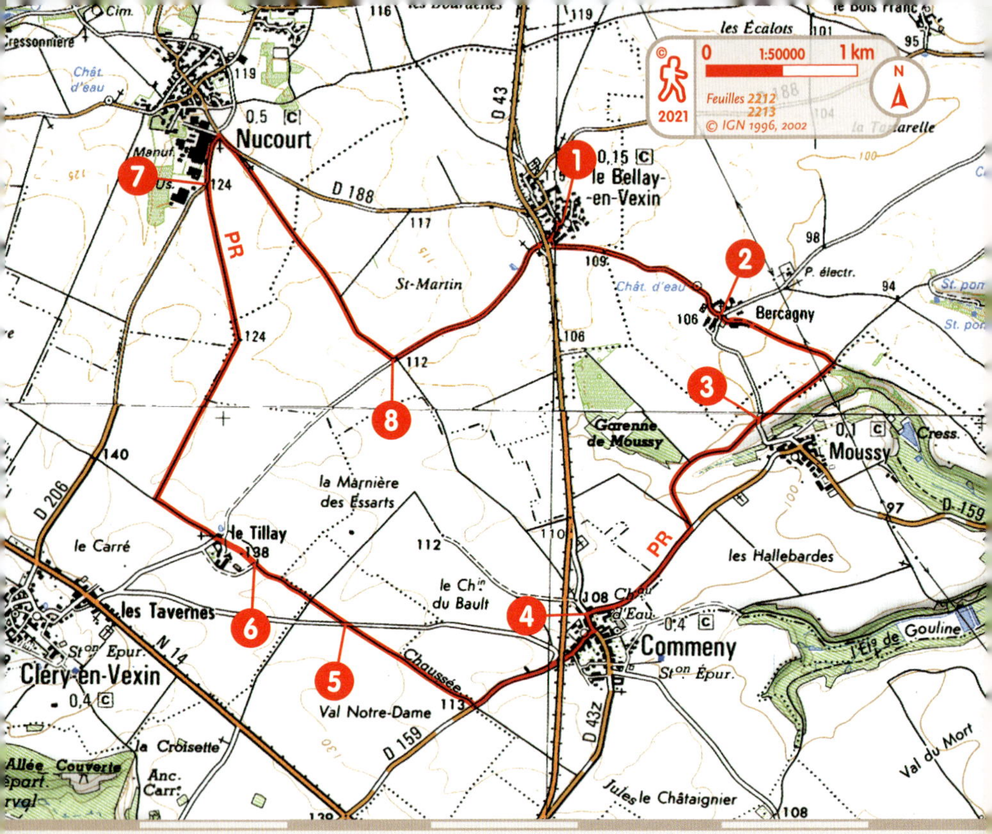

HISTOIRE

La chaussée Jules-César

La chaussée dite Jules-César reliait *Lutetia* (Paris) à l'*Oceanus Britannicus* (la Manche) en empruntant un itinéraire parallèle à la Seine, traversant les ports fluviaux de *Brivisara* (Pontoise), *Rotomagus* (Rouen) pour déboucher sur *Caracotinum* (Harfleur). Entreprise sous le règne d'Auguste ou de son successeur Tibère durant le premier quart du Ier siècle, elle fut probablement achevée une trentaine d'années plus tard sous le règne de Claude, conquérant de la *Britannia*. Elle ne doit rien à Jules César, décédé en 44 avant Jésus-Christ, bien avant le début des travaux.

Extrait du livret « Parcours sur la chaussée Jules-César, Pays d'art et d'histoire du Vexin français ».

Borne milliaire / photo PNRVF

Les **grands espaces**

Parcourir les vastes étendues du plateau agricole du Vexin français et découvrir son habitat rural.

1 De la place de l'église Sainte-Marie-Madeleine, emprunter à gauche la Grande Rue qui longe la ferme manoir. Au croisement, prendre à gauche pour la contourner puis bifurquer à nouveau à gauche à la sortie du bourg et continuer sur la route du hameau de Bercagny.

2 Dans Bercagny, au carrefour, continuer en face sur le chemin qui se prolonge dans la plaine. Au croisement de chemins, tourner à droite.

3 À l'intersection, traverser la route et emprunter le chemin en face. Continuer et après une brève montée, tourner à droite sur la D 159.

4 À Commeny, prendre à gauche la Grande Rue [👁 > à 200 m sur la gauche se trouve la maison du Pain], puis tourner à droite rue de l'Église. Passer sous la D 43, continuer tout droit et emprunter le premier chemin à droite : la chaussée Jules-César.

5 Au croisement d'un large chemin, continuer tout droit et à l'intersection, poursuivre tout droit.

6 À l'intersection, poursuivre tout droit et traverser le hameau du Tillay. Au calvaire, continuer sur l'ancienne voie romaine, puis bifurquer sur le premier chemin à droite.

7 Emprunter à droite la D 206 en direction de Nucourt. Passer devant une usine et au carrefour, prendre à droite la D 188 jusqu'au calvaire puis obliquer à droite sur le chemin.

8 Prendre la route à gauche, passer devant un calvaire puis emprunter le souterrain qui passe sous la D 43. Après celui-ci, tourner à gauche vers la Grande Rue du Bellay-en-Vexin.

BORNE MILLIAIRE DANS LE VEXIN / PHOTO PNRVF

11

3h30
14,5km

S SITUATION
Le Bellay-en-Vexin, à 24 km au nord-ouest de Cergy-Pontoise par les A 15, D 14 et D 43
Coordonnées UTM : 31 N 418849-5444866

P PARKING
Grande Rue

DÉNIVELÉE
altitude mini et maxi, dénivelée cumulée à la montée

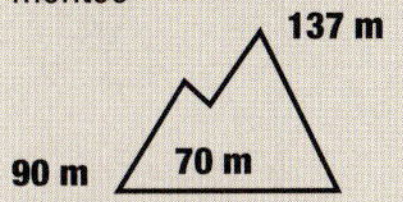

B BALISAGE **JC2**
jaune

À DÉCOUVRIR...

> En chemin :
- Le Bellay-en-Vexin : église Sainte-Madeleine XIIe, ferme de l'Hôtel-Dieu avec pigeonnier
- Commeny : église Saint-Martin XIIIe, maison du Pain (écomusée du Vexin français)

> Dans la région :
- Moussy : église Saint-André XVIe et château (privé)
- Nucourt : église Saint-Quentin, anciennes cressonnières, anciennes carrières, source de l'Aubette

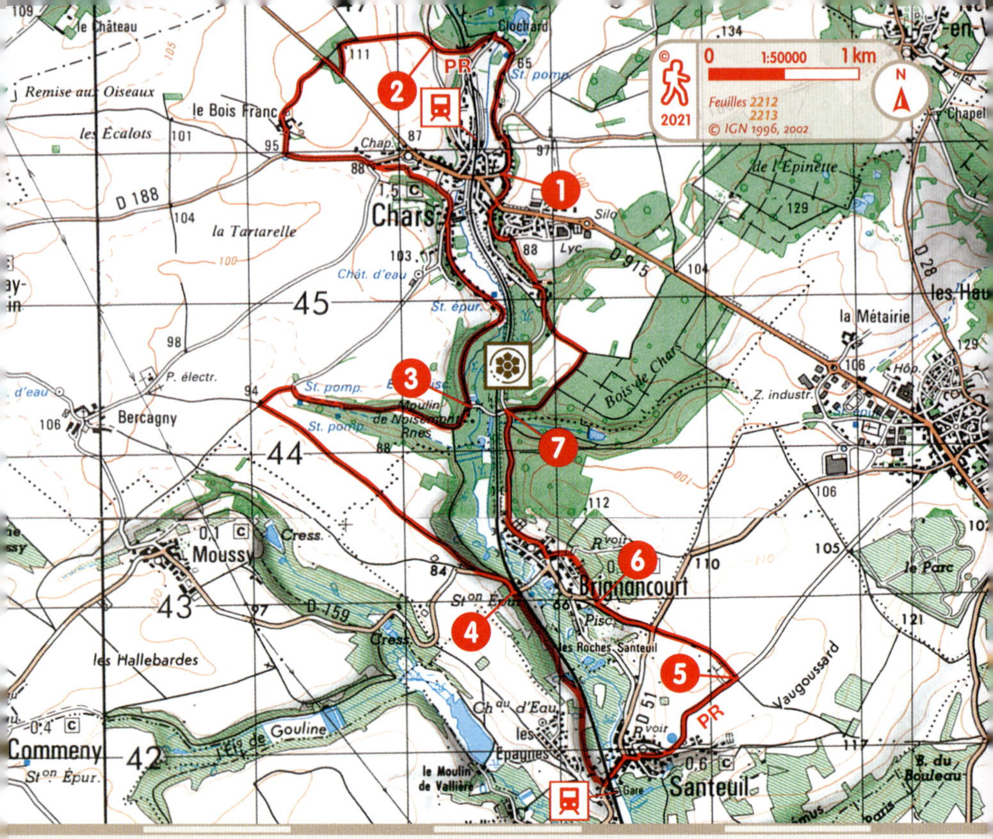

PATRIMOINE

Une basilique rurale

Les premiers hommes qui se sont installés sur le site de Chars ont sans doute été attirés par les eaux claires de la petite rivière de Viosne et par les arbres séculaires de l'antique forêt gauloise, dont il ne reste plus que quelques lambeaux forestiers. Le grand souffle spirituel du printemps des cathédrales permit d'élever cette « maison-dieu », l'église Saint-Sulpice, en une longue et unique campagne. La façade romane et le portail daté de 1145 témoignent de la ferveur religieuse de l'époque : c'est une authentique basilique rurale. Le chœur, construit au XIIIe siècle, possède de magnifiques rosaces caractéristiques de l'ornementation de la région. Le clocher d'origine s'écroula au début du XVIe siècle et fut remplacé à la Renaissance.

ÉGLISE DE CHARS / PHOTO PNRVF

Chemin de terre et de fer

Quand il débarquait de Paris, le voyageur disait : « quel charmant pays ! ». C'est l'occasion de découvrir la vallée de la Viosne et la zone humide du moulin de Noisement, classée « espace naturel sensible ».

1 Face à l'église, monter la rue de l'Église. Au début du virage, à gauche, descendre un escalier. Poursuivre jusqu'à la Viosne et tourner à droite. Traverser la rivière et atteindre la rue du Clos-du-Chars. Obliquer à droite et au bout de la rue, monter par un chemin en sous-bois.

2 Au croisement avec le GR® 11, monter puis longer la lisière du bois et traverser la D 915 (⚠ **> prudence !**). La suivre à droite jusqu'au premier chemin à gauche menant à la ferme du Bois Franc. Passer entre les bâtiments et gagner la D 188 ; la suivre à gauche. À la fourche, prendre en face un chemin pentu, tourner à droite, atteindre la rue de la Groue. Continuer par la rue Dory. Au bout, laisser la station d'épuration à gauche et aller tout droit (GR® 1d)

3 Au moulin de Noisement, continuer dans la même direction. À une intersection (quitter le GR® 1d), prendre le chemin à droite qui monte en sous-bois. Sur le plateau, tourner à gauche et encore à gauche au croisement. Rejoindre la D 159 ; poursuivre sur la route jusqu'au passage à niveau.

4 Juste avant celui-ci, emprunter le chemin à droite qui longe la voie ferrée, puis continuer par la rue de la Fontaine-Saint-Pierre. À Santeuil, tourner à gauche, franchir la voie ferrée. À la bifurcation, prendre à droite la rue de l'Église, laisser à main droite la rue des Sources et poursuivre par la Côte du Colombier à droite. Continuer par la route de Santeuil.

5 Après le stade, tourner à gauche (GR® 1). À la D 51, continuer en face sur la D 159 sur 350 m.

6 À droite, derrière le calvaire, emprunter le chemin ombragé. Continuer par le chemin de la Croix-de-Fer, puis à gauche la rue de la Mairie [👁 > à droite, abri randonneurs à 200 m]. Tourner dans la première rue à droite, la rue de Chars et poursuivre [👁 > église]. Passer devant le cimetière. Arriver à un carrefour.

7 Monter à droite par le chemin en sous-bois. Sur le plateau à l'angle du bois, prendre à gauche le chemin sur 500 m, puis à droite la rue A.-Baleydier. Environ 100 m après le virage, gravir à droite les marches du chemin de la Maladrie. Au lotissement, tourner à gauche et descendre par une ruelle qui ramène à la rue A.-Baleydier. S'avancer dans la première rue à droite et monter jusqu'à la D 915 ; la traverser (⚠ **> prudence !**) et poursuivre en face par la rue de la Gloriette jusqu'à l'église de Chars.

12

4h30
17,5km

S SITUATION
Chars, à 18 km au nord-ouest de Cergy-Pontoise par la D 915
Coordonnées UTM :
31 T 422690-5445840

P PARKING
église

T TRANSPORT
gare Saint-Lazare ligne H direction Gisors

DÉNIVELÉE
altitude mini et maxi, dénivelée cumulée à la montée

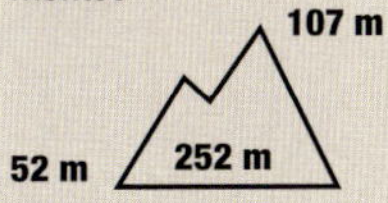

B BALISAGE **R4**
jaune

! DIFFICULTÉS !
prudence dans les traversées de la D 915

À DÉCOUVRIR...

> En chemin :
- Chars : église Saint-Sulpice XIIe-XVIe, moulin de Noisement (zone humide ENS), ferme du Bois Franc
- Brignancourt : église Saint-Pierre-aux-Liens XIe-XVIIIe, abris randonneurs
- Santeuil : église Saint-Pierre-et-Saint-Paul XIIIe

> Dans la région :
- Moussy : château XVe, croix pattée
- Commeny : musée du Pain, église Saint-Martin XIIe-XVIe, étang et moulin de Gouline
- Santeuil : étang de Vallière
- Lavilletertre : haute vallée de la Viosne et étangs

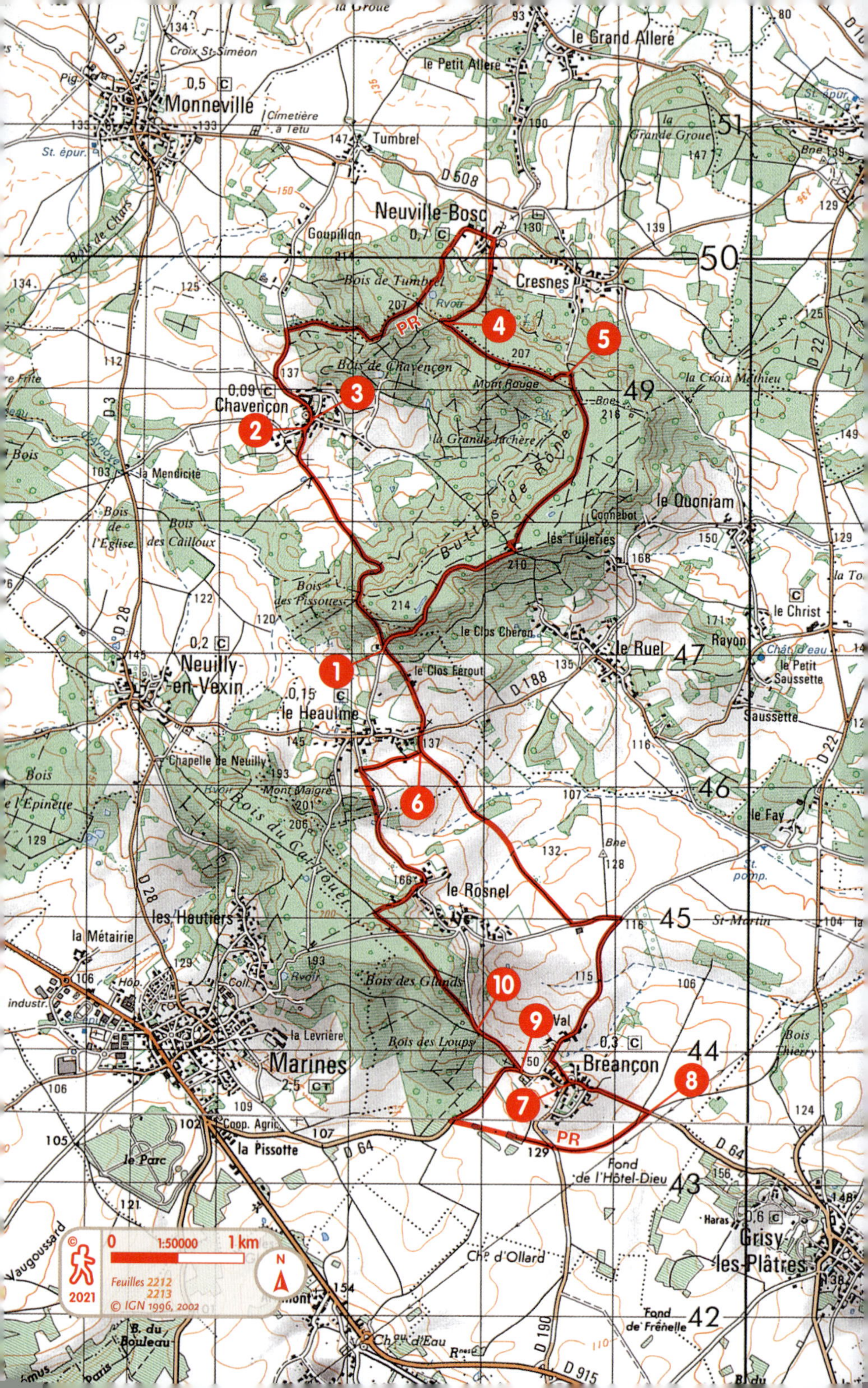

la Groue
le Grand Alleré
le Petit Alleré
Croix St-Siméon
Monneville
Cimetière à l'Etu
Tumbrel
la Grande Groue
51
D 508
Neuville-Bosc
Goupillon
Bois de Tumbrel
Cresnes
50
PR
4
5
Bois de Chavençon
Mont Rouge
la Croix Méthieu
Chavençon
3
2
49
la Grande Jachère
Buttes de Rosne
la Mendicité
Bois de l'Eglise
Bois des Cailloux
le Quoniam
Connebot
les Tuileries
Bois des Pissottes
le Clos Chéron
le Christ
Rayon
Neuilly-en-Vexin
1
le Clos Féroult
le Ruel
47
Château d'eau
le Petit Saussette
Saussette
le Heaulme
D 188
Chapelle de Neuilly
Mont Maigre
6
Bois du Carrouel
46
le Fay
Bois de l'Epinette
le Rosnel
St. pomp.
les Hautiers
45
St-Martin
la Métairie
Bois des Glands
10
9
Val
industr.
Marines
la Levrière
Bois des Loups
Bréançon
44
8
7
Bois Thierry
Coop. Agric.
la Pissotte
D 64
PR
Fond de l'Hôtel-Dieu
43
le Parc
Haras
Grisy-les-Plâtres
Vaugoussard
Ch. d'Ollard
Fond de Frênelle
42
B. du Bouleau
Ch. d'Eau
D 190
D 915
D 3
D 28
D 22
2021
0 1:50000 1 km
N
Feuilles 2212 2213
© IGN 1996, 2002

Le **toit** du **Vexin français**

13

6h30
22km

Circuit magnifique sur les plus hautes terres de l'Île-de-France qui permet de découvrir les charmes de ses villages : Chavençon, Neuville-Bosc, Le Heaulme et Bréançon.

1 À l'entrée du bois, prendre le chemin à gauche. Après un parcours sinueux dans le bois de châtaigniers, puis à travers des prairies, franchir le vallon [👁 > croix], puis monter à droite par le chemin creux et entrer dans Chavençon par la droite.

2 Se diriger à droite vers l'église.

3 Tourner à gauche après la mairie, puis à droite après la mare, jusqu'au sommet de la côte dans le bois. Pénétrer en forêt par le chemin à droite (bois privés). Sur la crête, à une croisée de chemins, descendre à gauche puis longer un réservoir d'eau, et atteindre Neuville-Bosc. Bifurquer à droite. À hauteur de la grille du château, se diriger à droite, passer l'église et remonter dans le bois.

4 Tourner à gauche pour suivre la crête (GR® 11).

5 Au carrefour en T, laisser le GR® 11 et tourner à droite dans un chemin en sous-bois. [👁 > Plus loin, la crête constitue le point culminant d'Île-de-France. Le massif de rhododendrons annonce une propriété où Sarah Bernhardt séjourna.] Aux bâtiments à gauche, poursuivre la route à droite et retrouver le carrefour de l'aller.

1 Descendre à gauche, traverser la D 188 [👁 > en face du calvaire, un point d'eau potable est à disposition des randonneurs].

6 Continuer par le chemin à gauche (sud-est). Franchir un ru, puis sur la route, effectuer un crochet gauche-droite pour atteindre Bréançon. À l'entrée du village, s'engager à gauche sur le chemin qui mène à l'église.

7 De l'édifice (GR® 1), suivre la D 64 vers Grisy-les-Plâtres sur 500 m.

8 Emprunter le chemin à droite (ancienne voie ferrée). Couper la D 190, continuer, puis suivre la D 64 à droite.

9 Au calvaire, prendre la route à gauche.

10 À l'entrée du bois, quitter le GR® 1 et continuer 100 m sur la route. Bifurquer sur le chemin à gauche à travers le bois des Glands (nord-ouest). Couper la route [👁 > calvaire], poursuivre sur 250 m, puis tourner à droite et descendre. Au carrefour, prendre la route à gauche. Avant une montée, obliquer à gauche dans le bois. À la route, suivre à droite le chemin entre pâture et champs cultivés.

6 Obliquer à gauche pour retrouver le point de départ.

S SITUATION
Le Heaulme, à 16 km au nord-ouest de Cergy-Pontoise par la D 188
Coordonnées UTM :
31 T 428660-5443770

P PARKING
des Randonneurs, rue des Buttes

/ DÉNIVELÉE
altitude mini et maxi, dénivelée cumulée à la montée

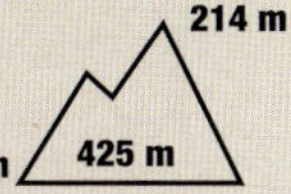

B BALISAGE **R3**
jaune

! DIFFICULTÉS !
itinéraire constitué de deux boucles avec un tronçon commun (**1** à **6**)

À DÉCOUVRIR...

> En chemin :
- Bréançon : église Saint-Crépin-et-Saint-Crépinien XIIe-XIIIe
- Le Heaulme : église XIIe
- Chavençon : croix XVIe
- butte de Rosne (point culminant de l'Île-de-France)
- points de vue
- calvaires

> Dans la région :
- butte de Marines : bois du Caillouet
- Grisy-les-Plâtres : église Saint-Caprais XVIIIe

PATRIMOINE

L'ÉGLISE DU HEAULME

TYMPAN DE L'ÉGLISE DU HEAULME / PHOTO PNRVF

L'église Saint-Georges du Heaulme est un édifice modeste à l'image de ce que fut la paroisse. Le portail nord du XIIe siècle, maintenant muré, se distingue par son tympan, qui constitue l'une des plus anciennes représentations connues de saint Georges. Le Vexin n'en possède que deux exemples. C'est un monolithe en calcaire sur lequel se détache saint Georges sur son coursier, tenant sa lance en arrêt. Devant lui se tient un évêque reconnaissable à son bâton pastoral, suivi d'un clerc. Derrière le cheval, on voit l'agneau pascal. Dans le ciel, un personnage tenant une croix fait pendant à une colombe. Cette scène romane symbolise la fondation de l'église.

GÉOLOGIE

LA BUTTE DE ROSNE

La butte de Rosne (ou Rône) dresse sa silhouette rectiligne et boisée sur le vaste horizon découvert du plateau vexinois. À cheval sur deux départements et deux régions, c'est le point culminant d'Île-de-France (217 m). Elle est constituée d'un empilement de couches sédimentaires tertiaires du Bartonien jusqu'à l'Aquitanien (il y a 40 à 20 millions d'années). Sa base comprend un ensemble imperméable (argiles et marnes) que surmonte une épaisse couche de sables du Rupélien (il y a environ 30 millions d'années). C'est au contact sable-argile que de nombreuses sources jaillissent, alimentant le Sausseron, la Viosne et la Troësne. Le sommet est presque entièrement constitué de plaques de meulière reposant par bancs ou blocs dans de l'argile beige, ce qui ne facilite pas l'écoulement de l'eau.

CHÊNE SESSILE / DESSIN P.R.

Classée « espace naturel sensible », la butte possède une importante couverture forestière, composée à l'origine de chênes. Aujourd'hui, à son pied s'étend une chênaie-charmaie mais aussi des aulnes et des châtaigniers. La partie intermédiaire est le domaine des chênes pédonculés et des frênes. Sur les marges poussent l'orme et le noisetier. Sur la partie sommitale règnent les bouleaux, les hêtres et les chênes sessiles. On trouve aussi des conifères disséminés, dont des pins plus que centenaires.

Sous cette couverture végétale poussent des ronces, des mousses, de la bruyère cendrée, de l'ajonc d'Europe, diverses sortes de fougères, dont l'aigle et la royale, la myrtille et des houx de plus de 10 m de haut, et de belles fleurs comme l'anémone, la jacinthe, le sceau de Salomon, du muguet, mais peu de primevères et de jonquilles. Au printemps, de nombreuses violettes s'épanouissent, cédant parfois la place à de magnifiques tapis de lierre.

La célèbre tragédienne Sarah Bernhardt séjourna dans une maison isolée au sommet de la butte. Excentrique, toujours avec ses grands atours de comédienne, elle traversait le massif pour faire ses courses à Marines. On lui doit les magnifiques rhododendrons que l'on peut admirer aujourd'hui encore.

Butte de Rosne / photo CD95

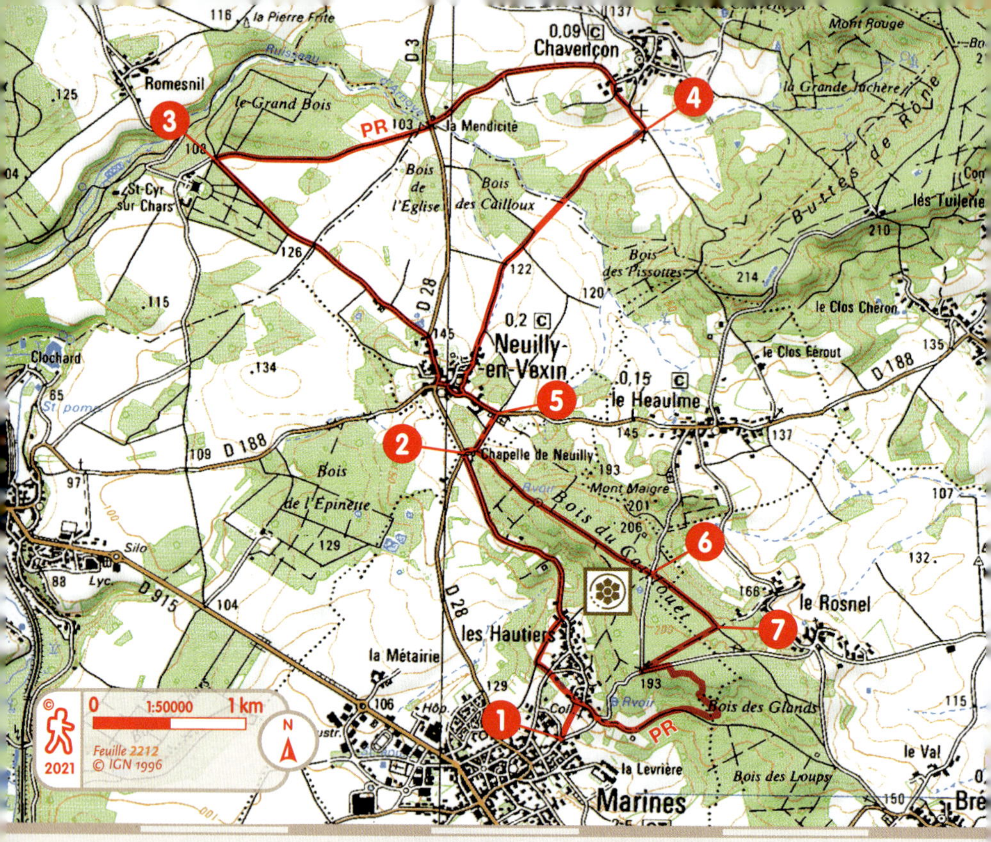

GÉOLOGIE

La butte du Caillouet (ou butte de Marines)

Son nom signifie lieu caillouteux. Située sur les communes de Marines et Le Heaulme, elle est apparue à l'ère Primaire, résultant de la formation des Alpes. Butte témoin du nord du Vexin français, elle culmine à 206 m d'altitude. L'érosion du vent et de l'eau lui donne un sommet, plutôt plat, toutefois protégé par une couche d'argiles à meulière imperméable. Très prisée notamment dans la construction des bâtiments, la pierre de meulière devient, à la Belle Époque, une caractéristique de la villa bourgeoise. On note également la présence du gypse ainsi que le sable jaune de Fontainebleau dont la « mine d'or » tire son nom…

La Mendicité / photo Comité 95

De la **mendicité** à la **mine** d'**or**

14

4h15
16,5km

La Mendicité, ce hameau de la commune de Chavençon tire son nom d'une plaque sur laquelle on pouvait lire « La mendicité est défendue dans le département de Seine-et-Oise ».

1 Monter au milieu de la prairie en direction de la statue de la Vierge. Prendre à gauche le chemin, dépasser la maison à gauche et s'engager dans un chemin en pente. Traverser la rue des Hautiers et poursuivre en obliquant à droite en lisière de forêt pour atteindre la rue du Maréchal-Foch. Tourner à gauche et continuer jusqu'au mur du château à l'entrée de Neuilly-en-Vexin.

2 Prendre le chemin à droite. À l'intersection [> chapelle de Neuilly à droite], tourner à gauche en suivant le mur. Après le cimetière, tourner à gauche sur la route et entrer dans Neuilly-en-Vexin. Monter à gauche la rue de l'Église. Dos au château, prendre à droite la Grande Rue en direction de Monneville. Dans un virage, prendre la route à gauche jusqu'au mur du château de Saint-Cyr-sur-Chars.

3 Face à la forêt (GR® 11), tourner à droite en lisière de bois et poursuivre jusqu'à une maison au bord de la D 28 : « la Mendicité ». Traverser et continuer jusqu'à Chavençon. Dans un tournant (quitter le GR®11), s'engager en face dans un chemin.

4 Descendre jusqu'à une mare, tourner à droite, traverser un premier bois puis dépasser le suivant. En plein champ, à une fourche, obliquer à gauche pour atteindre Neuilly-en-Vexin. Par la rue Basse, déboucher sur la D 188, la suivre à gauche (tronçon commun avec l'itinéraire aller).

5 Au cimetière, prendre le chemin à droite, puis devant la chapelle, tourner à gauche dans le bois du Caillouet (**⚠ > ornières fréquemment inondées !**).

6 Traverser une route goudronnée et continuer tout droit.

7 Au croisement de quatre chemins, prendre à droite et atteindre une route. La suivre à gauche sur 150 m. À droite, passer une barrière et entrer dans le bois des Glands avec ses châtaigniers centenaires. Bien suivre le balisage sinueux qui débouche sur un chemin presque rectiligne (GR® 1), le suivre à droite. Le chemin encaissé et en pente débouche en lisière d'un bois (le GR® 1 part à gauche), [> à droite se trouve « la Mine d'or » désignée par la couleur de son sable extrait de carrières privées]. Entrer dans les Hautiers. À la Vierge (point de vue), descendre à gauche pour atteindre le parking.

S SITUATION
Marines, à 16 km au nord-ouest de Pontoise par la D 915
Coordonnées UTM : 31 U 0426143-5444300

P PARKING
collège des Hautiers, rue du Heaulme

DÉNIVELÉE
altitude mini et maxi, dénivelée cumulée à la montée

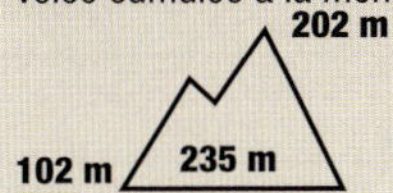

B BALISAGE **R5**
jaune

! DIFFICULTÉS !
- itinéraire constitué de deux boucles avec un tronçon commun
- Bois du Caillouet : zone à ornières fréquemment inondées

À DÉCOUVRIR...

> En chemin :
- Hautiers : point de vue sur le Vexin, lavoir
- Neuilly-en-Vexin : chapelle, église • Saint-Cyr-sur-Chars : château (privé) • La Mendicité
- Bois du Caillouet (carrières de meulière)
- Châtaigniers centenaires • butte du Caillouet (ENS)

> Dans la région :
- les Buttes de Rosne (altitude la plus élevée de l'Île-de-France, 214 m)
- Neuville-Bosc : charmant et très petit village de l'Oise à la limite du Val d'Oise • Chars : cathédrale rurale
- Guiry-en-Vexin : musée archéologique
- sentier du patrimoine de Marines

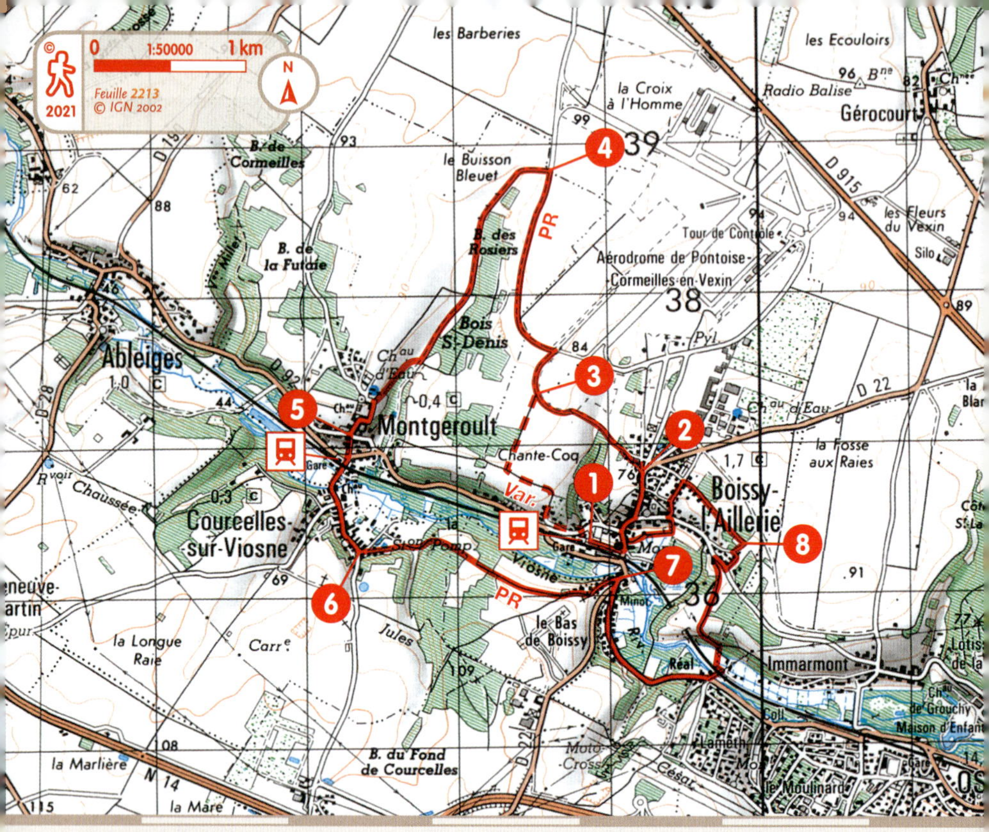

ENVIRONNEMENT

La roselière

Zone humide essentiellement constituée de roseaux communs poussant sur un milieu assez tourbeux, cette roselière est située en fond de vallée de la Viosne, entre les villages de Montgeroult et Courcelles-sur-Viosne. Ce marais présente un intérêt écologique majeur, car la mosaïque de milieux qui y est présente permet d'y trouver de nombreuses espèces végétales et animales. Il abrite notamment des espèces d'oiseaux typiques de ces milieux comme la rousserole verderolle ou le phragmite des joncs. On y observe également la présence du héron cendré ; c'est aussi le territoire du grèbe huppé, de la gallinule poule d'eau et de la foulque macroule qui nichent dans les roseaux.

La Viosne / photo CD95

La **boucle** de **Courmonbois**

Le long de la Viosne, les zones humides de Boissy-l'Aillerie et de Courcelles-sur-Viosne présentent un intérêt écologique majeur par leur faune et leur flore.

1 Emprunter l'avenue de la Gare jusqu'au monument aux Morts et remonter à gauche la rue de la République.

2 Obliquer à gauche, chemin de Cormeilles, puis à gauche chemin de Montgeroult, suivi du chemin de la Justice. Ignorer des chemins de part et d'autres, dépasser l'Argillière.

> Variante : par le chemin à gauche, puis celui encore à gauche au croisement, possibilité de rejoindre la gare.

3 Continuer en légère montée à proximité de l'aérodrome jusqu'à l'ancienne route bétonnée ; l'emprunter à gauche. Arriver à une bifurcation en vue du village de Cormeilles-en-Vexin.

4 Tourner à gauche et redescendre par la route. Dépasser un carrefour et atteindre un croisement en lisière de bois. Suivre à droite le chemin de la Justice longeant le bois. Continuer jusqu'au belvédère du château de Montgeroult, puis descendre la rue Neuve jusqu'à la place de l'Orme.

5 Par la rue du Raidillon, gagner la D 92 et prendre en face la rue du Moulin. Passer devant le château de Courcelles-sur-Viosne et poursuivre par la rue de la Libération qui traverse le village.

6 Après l'église, bifurquer à gauche par la rue de la Source et filer tout droit entre bois et champs. Emprunter le chemin de Meulan à gauche, prolonger par la rue Raspail.

7 Se diriger à droite, rue Pasteur. Plus loin, utiliser le chemin piétonnier le long de la route. Traverser la rue puis la suivre jusqu'au hameau du Réal. À gauche, franchir la Viosne puis la voie ferrée. Tourner à droite rue Ferdinand-Jacob puis à gauche rue du Four-à-Chaux. Suivre le chemin de Montgeroult.

8 Tourner à gauche. Au cimetière, descendre à gauche la rue de l'Égalité, traverser la rue F.-Jacob, puis emprunter le chemin de la ruelle de Beauvais sur 100 m. En bas, tourner à droite dans la ruelle des Prés, regagner la rue de la République. Prendre à gauche, puis à droite vers la gare.

15

3 h
12 km

S SITUATION
Boissy-l'Aillerie, à 7 km à l'ouest de Cergy-Pontoise par les A 15, D 14 et D 92
Coordonnées UTM :
31 T 428800-5436370

P PARKING
gare

T TRANSPORT
Paris Saint-Lazare ligne J direction Gisors

/ DÉNIVELÉE
altitude mini et maxi, dénivelée cumulée à la montée

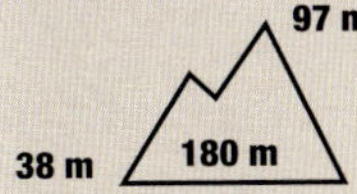

B BALISAGE **R8**
jaune

À DÉCOUVRIR...

> En chemin :
- Boissy-l'Aillerie : église Saint-André XIIe-XVIIIe, croix de Saint-Éloi XIIe, source romaine, marais
- Montgeroult : église Notre-Dame XIe-XIXe, château XVIIe
- Courcelles-sur-Viosne : église Saint-Lucien XIIe-XIIIe, château XVIIe, moulin, ancien presbytère avec porche

> Dans la région :
- Osny : parc de Grouchy
- Puiseux-Pontoise : chaussée Jules-César
- Épiais-Rhus : église Saint-Didier XVIe
- Theuville : vieilles maisons

0
1:35000
700 m
(1:25000 réduit)
Feuille 2313 OT
© IGN 2010
©
2021
N
1
2
3
4
5
6
7
PR
CERGY
Base de Plein Air et de Loisirs
de Cergy-Neuville
les Saules
Pyramide
Île Astronomique
Gency
VAURÉAL
Neuville-sur-Oise
ÉRAGNY
St-Christophe
la Sébille
les Essarts
les Ombrages
le Hazay
l'Enclos
les Sablons
la Bussie
le Boulingrin
les Carneaux
Jouy-la Fontaine
le Camp
les Vaux Moreaux
les Bourseaux
les Tremblays
la Siaule
les Clairières
le Brûloir
Port Cergy
Croix Petit
le Ponceau
Ménandon
les Chênes
les Linandes
la Justice
Marcouville
les Plants
les Touleuses
les Maradas
les Bocages
le Port d'Éragny
les Pâtis
les Gâts
les Grandes Terres
les Côtes
la Garenne
les Belles Hâtes
les Pincevents
la Croix des Pointes
la Danne
le Chemin de St-Ouen
les Larris
Cergy Préfecture
Centre commercial les Trois Fontaines
Quartier de l'Écluse
Quartier de l'Église
le Plateau St-Martin
Parcours sportif

Ville nouvelle et **loisirs champêtres**

16

5h30
22km

L'Axe majeur : un immense jardin à étagements successifs et l'île de loisirs. Le calme des bords de l'Oise permet d'apprécier une végétation variée et de découvrir le port de plaisance.

1 À la sortie de la gare de Cergy-Saint-Christophe, se diriger à gauche par la rue de l'Abondance jusqu'à la tour Belvédère, obliquer sur la gauche pour gagner l'esplanade de Paris et descendre les marches. Suivre à droite le tracé de l'ancienne voie ferrée.

2 Passer le pont et tourner à gauche, rue de l'Ancienne-Mairie. Emprunter à droite la rue Neuve, puis l'impasse Bourgouin et au bout remonter à droite la rue de l'Église jusqu'au chemin du Haut-de-la-Côte, le prendre à gauche et poursuivre dans le bois. Au bout, tourner à gauche dans un chemin entre forêt et habitations. Avant l'allée couverte [👁 > Néolithique « cimetière aux Anglais »], tourner à gauche, descendre un long escalier. En bas, tourner à droite dans la sente Bien-aimée. Remonter à droite la côte des Carneaux. Tourner à gauche dans une allée bitumée qui longe l'avenue

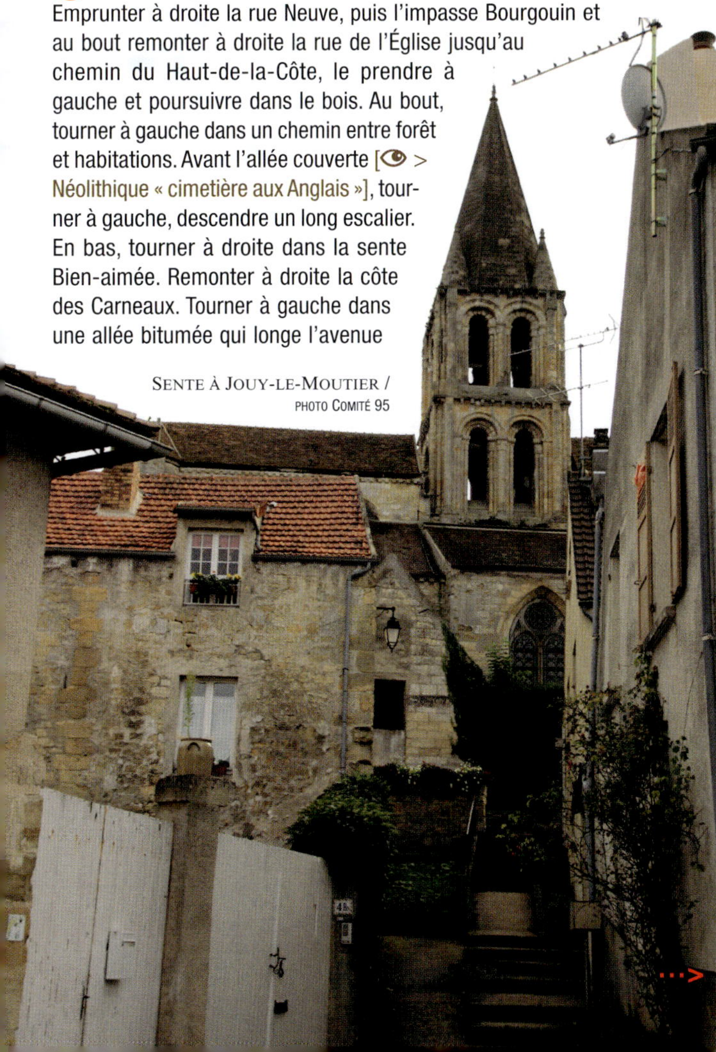

SENTE À JOUY-LE-MOUTIER / PHOTO COMITÉ 95

···>

S SITUATION
Cergy-Saint-Christophe, à 26 km au nord-ouest de Paris par A 15
Coordonnées UTM :
31 U 429430-5433400

P PARKING
gare, accessible depuis l'avenue de la Constellation

/ DÉNIVELÉE
altitude mini et maxi, dénivelée cumulée à la montée

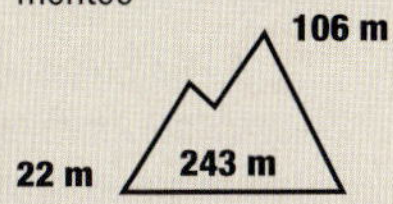

B BALISAGE **B02**
jaune

! DIFFICULTÉS !
Itinéraire composé de deux boucles se séparant au pont de Ham à Cergy Village (en forme de 8)

À DÉCOUVRIR...

> En chemin :
- esplanade de Paris et ses douze colonnes, passerelle rejoignant l'île de loisirs, île astronomique, église de Cergy-Saint-Christophe, port de plaisance, maison de Gérard Philipe.

> Dans la région :
- Pontoise : la vieille ville
- Jouy-le-Moutier : menhir
- Vauréal : allée couverte dite cimetière des Anglais et son église

Gavroche. Poursuivre dans la même direction entre les lotissement [👁 > les Groues, les Hauts Toupets] et le bord du plateau [👁 > belvédère avec vue sur Cergy et l'île de loisirs]. Traverser une petite route [👁 > à droite menhir couché dans la végétation] et descendre jusqu'à un point de vue. À gauche, descendre le chemin de Lornier. Au bout, prendre à droite la sente des Pendants, puis, environ 50 m plus loin, traverser une petite rue. Ensuite, franchir la rue de la Vallée et prendre en face, entre deux maisons, un chemin qui monte. En haut, prendre à droite le chemin rectiligne (ancienne voie ferrée) et continuer dans la même direction le chemin des Miettes.

3 Quitter le chemin des Miettes et obliquer à gauche, longer le parc, descendre quelques marches. Contourner l'église de Jouy-le-Moutier par la gauche, traverser la D 55, puis la petite place et prendre à droite la rue de la Fontaine-Bénite. Puis, tourner à nouveau à droite dans la rue de la Prairie jusqu'à la D 4. Traverser la D 4 puis franchir l'Oise et au bout du pont, prendre à droite un escalier pour rejoindre le chemin de halage que l'on suit à droite. Passer sous le pont. Poursuivre jusqu'à une route (voie des Sabliers), la traverser.

4 Pénétrer sur l'île de loisirs de Cergy-Pontoise en avançant perpendiculairement à la route jusqu'aux premiers arbres. Longer l'étang par la droite. Poursuivre jusqu'à une allée en ciment, la prendre à droite. Traverser une intersection en laissant à droite le bâtiment de l'accueil et poursuivre en face, le chemin longeant la berge. Prendre à gauche l'allée qui longe la route. Tourner à droite, monter quelques marches, traverser le pont de Ham à Cergy-Village.

5 Tourner à droite et suivre la rue Pierre-Scheringa puis à gauche boulevard du Port, à droite rue du Brûloir, de nouveau à droite rue de Laperouse et enfin à gauche rue Jean-Bart. Passer sous le pont et prendre à gauche le chemin Neuf. Tourner à droite dans l'allée des Plantes puis poursuivre dans le bois de Cergy. En lisière à un carrefour, suivre à gauche le boulevard des Maraichers.

6 Passer sous le pont puis y accéder par la gauche, le traverser et redescendre sur les berges de l'Oise à gauche. Suivre le chemin de halage, à gauche, passer sous les ponts du chemin de fer puis prendre le boulevard de l'Hautil. Juste avant le pont suivant, monter à gauche et traverser à nouveau le pont de Ham à Port-Cergy **5**. À la sortie du pont, tourner à gauche rue Pierre-Vogler. Après le stade, poursuivre à gauche par le chemin de la Voirie, monter à droite la ruelle du Port-de-Gency face à l'ancienne propriété de Gérard Philipe. Prendre à droite la rue de Vauréal sur 80 mètres environ et tourner à gauche dans la sente Laroque qui débouche près d'un terrain de sport à gauche.

7 Suivre à gauche l'emprise de l'ancienne voie ferrée, l'allée de la Côte-des-Pagnes jusqu'à l'escalier de l'Axe majeur. Remonter sur l'esplanade de Paris et rejoindre la gare de Cergy-Saint-Christophe.

FAUNE ET FLORE

L'ÎLE DE LOISIRS : UN TRÉSOR DE NATURE

Avec ses 250 hectares d'eau et de verdure, au cœur de Cergy-Pontoise, le site abrite une faune et une flore importantes, dont certaines espèces remarquables. Il est ainsi possible d'y apercevoir de petits mammifères tels que le lapin de garenne, l'écureuil ou le ragondin. Du côté des oiseaux, on peut observer le *harle bièvre*, les *fuligules milouin* et *morillon*, et le *cormoran huppé* venant chercher refuge pour l'hiver, suivis des hirondelles de rivage annonciatrices du printemps.

ORCHIDÉE PYRAMIDALE / PHOTO S.D.

Parmi les insectes, on y retrouve volontiers certains papillons comme le *demi-deuil*, le *mars changeant* ou la *carte géographique* qui cohabitent tous les trois avec de nombreuses libellules comme l'*agrion élégant*, l'*anax empereur* et le *caloptéryx éclatant*.

Le sol calcaire permet à l'*ophrys abeille* et à l'*orchidée pyramidale* de coloniser l'île qui jouit également de la présence de nombreuses essences d'arbres et d'arbustes tels que l'*oranger des osages*, le *frêne*, le *pin de l'Himalaya*, le *peuplier,* le *saule*, l'*olivier de bohème* et la *symphorine*.

Au détour d'un chemin, on découvre des plantes aromatiques telles que la *menthe aquatica* et l'*origan sauvage*, ainsi que d'autres plus intrigantes comme l'*iris gigot*, délivrant une odeur de chips barbecue. L'automne accueillera quant à lui des champignons comme le *pleurote* en forme d'huître, le *chénopode couché* ou l'*helvelle crépue*.

PÉDALOS SUR L'ÎLE DE LOISIRS / PHOTO COMITÉ 95

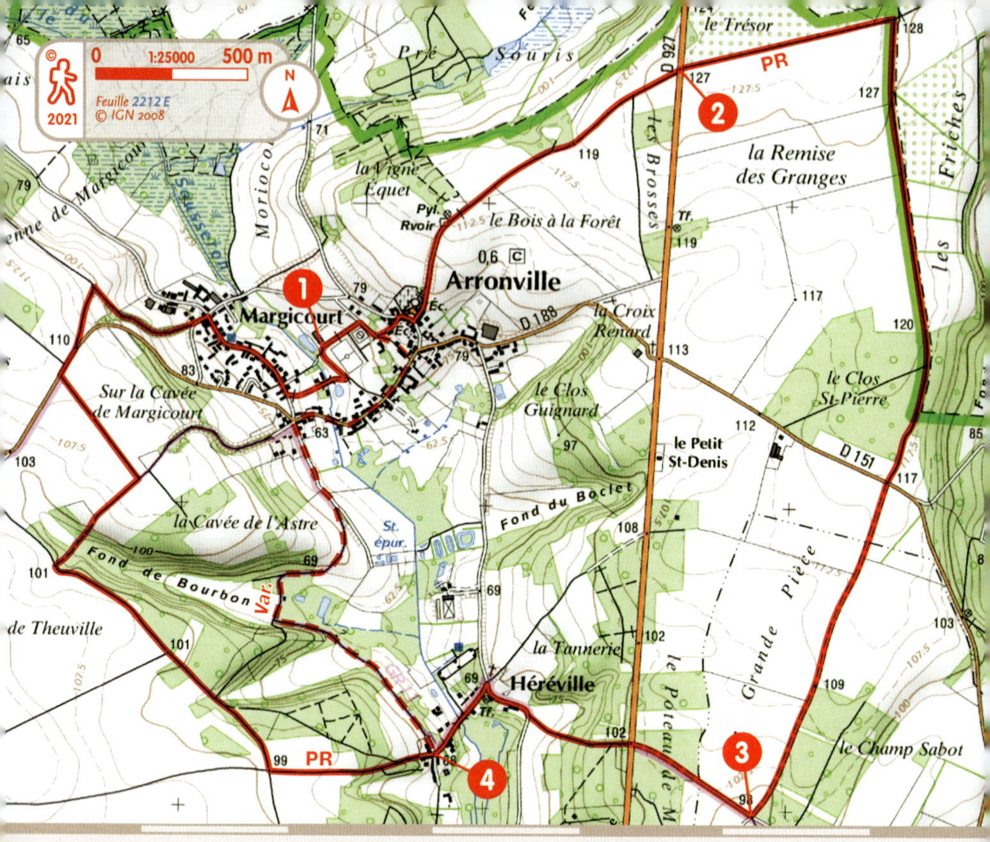

GASTRONOMIE

Les cassissiers

Fruit très recherché par les liquoristes, la petite baie de jais se déguste à toutes les sauces et se vendange de la même façon que le raisin. Si à l'origine les ouvriers récoltaient le fruit rouge à la main au rythme de 50 kg par jour, à l'heure actuelle, c'est à l'aide de trois vendangeuses que la cassis est ramassée au domaine de Sandricourt dès le début du mois de juillet avec un rendement moyen de 60 tonnes par jour. Le domaine exporte en Europe, notamment en Espagne et en Italie.

Dans le département voisin de l'Oise, la production annuelle moyenne s'élève à 2000 tonnes, soit un peu plus de 10% du marché français.

Cassissier / photo Comité 95

La cavée de Margicourt

17

2h30
10km

En 1990, la culture du cassissiers démarre sur 10 ha dans le Vexin. La production se développe fortement pour atteindre aujourd'hui 150 ha et 800 à 1000 tonnes de cassis par an.

1 Du parking de la salle polyvalente, prendre la sente de l'École puis à droite la rue de la Mairie et à gauche la rue des Granges. Suivre le chemin jusqu'à la D 927.

2 Traverser la D 927 et continuer en face en longeant les cassissiers. À la barrière, prendre à droite et suivre le chemin jusqu'à la D 151, la traverser et suivre le chemin d'en face jusqu'à l'intersection des quatre chemins.

3 Prendre à droite, retraverser la D 927 et continuer le chemin qui descend au hameau d'Héreville (tronçon commun avec le GR® 11). Dans Héreville, prendre à gauche la rue du Sausseron et le franchir.

> Variante : suivre le GR® 11 et prendre à droite le chemin des Fonds-de-Bourbon qui se prolonge par la rue de la Couture. Tourner ensuite à droite dans la rue Emmanuel-d'Astier, puis au bout récupérer à gauche le sentier des claquets pour rejoindre le parking.

4 À l'intersection suivante, continuer tout droit, prendre le deuxième chemin à droite, à nouveau le second chemin à droite, tourner à gauche pour rejoindre la D 188, l'emprunter à droite sur 125 m puis la quitter pour emprunter le deuxième chemin à gauche et le premier à droite. Rejoindre Margicourt, suivre la rue des Accacias et prendre à droite la rue de Margicourt jusqu'au panneau d'affichage municipal. Prendre à gauche une sente pour traverser le Sausseron par un petit pont de bois et rejoindre le parking en contournant le stade de football.

Porte en pierre (XVIIe) à Arronville / photo Comité 95

S SITUATION
Arronville, à 16 km au nord d'Auvers-sur-Oise par les D 928, D 927, D 151 et D 188
Coordonnées UTM :
31 U 0435141-5447911

P PARKING
salle polyvalente

/ DÉNIVELÉE
altitude mini et maxi, dénivelée cumulée à la montée

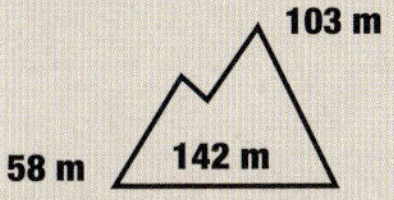

B BALISAGE **VS6**
jaune

À DÉCOUVRIR...

> En chemin :
- Arronville : église romane XIe
- Margicourt : porte de pierre XVIIe

> Dans la région :
- Nombreuses villes et villages traditionnels du Vexin : Grisy-les-Plâtres, Vallangoujard, Labbeville
- sentiers des patrimoines de Lalleville et Arronville

PATRIMOINE

La ferme Maigniel

Située au centre du village, elle est constituée de bâtiments construits autour d'une cour rectangulaire fermée.

Vieille carte postale de Maigniel

Cette implantation rappelle des notions de défense, mais permettait essentiellement de faciliter les déplacements, la surveillance des biens, des récoltes et des animaux. Dédiés à un usage précis, les bâtiments d'exploitation témoignent d'une agriculture plus diversifiée qu'aujourd'hui. Leurs pignons comportent des percements adaptés à leur fonction comme la lucarne à foin.

La maison de maître, conçue sur un modèle bourgeois, date de la fin du XIXe siècle. Elle est accessible par une imposante porte charretière encadrée de deux chasse-roues.

Les **quarante hectares**

Le nord du Val d'Oise a toujours connu un nombre important de voyageurs : route vers la mer, d'abord avec les relais de Poste puis le chemin de fer et ses haltes.

1 Quitter le parvis de l'église par la droite et prendre en face la rue du Moulin qui aboutit au lavoir du centre. Tourner à droite dans la rue de l'Ancienne-Gare (Vieille Rue) puis à gauche dans la rue de la Bauve. Au bout de celle-ci, laisser à gauche la promenade de Rampone [> ancien parcours de la ligne Valmondois/Marines] et prendre à droite le chemin de Méru pour monter vers le plateau.

2 Passer la croix Nicolas-Joly et continuer tout droit sur le chemin de Méru. Au bout, tourner à gauche, à la première intersection prendre à droite et longer le centre aéré. Traverser la D 927 **(> attention circulation intense)**, continuer en face sur environ 250 m jusqu'à une mare et un lavoir [> cet endroit, le seul abrité du parcours, se situe à la moitié du circuit].

3 Avant le lavoir, tourner à droite et suivre cette route sur environ 250 m. Au bout, traverser la D 927 et prendre en face le chemin, le suivre pour rejoindre une route goudronnée, l'emprunter par la droite, à la barrière tourner à gauche pour passer devant le château de Saint-Cyran.

4 À l'entrée de Frouville, face à un calvaire, tourner à droite et suivre la D 151 sur environ 300 m. Prendre la rue Margat à droite, la suivre jusqu'à un lavoir, face à celui-ci prendre un chemin et le suivre sur environ 900 m jusqu'à la route de Labbeville à Frouville. Prendre celle-ci sur la droite, la suivre sur 400 m puis la quitter. Tourner à droite au sommet de la côte **(> attention faible visibilité)**. Suivre ce chemin jusqu'à la croix Nicolas-Joly **2** et tourner à gauche. Au bout du chemin, tourner à gauche dans la rue Neuve puis à droite et descendre la rue de l'Ancienne-Gare, passer devant le lavoir du Centre et rejoindre le parking de la place de l'École.

VUE SUR LABBEVILLE / PHOTO PNRVF

18

2h30
11km

S SITUATION
Labbeville à 12 km au nord-ouest d'Auvers-sur-Oise par les D 928, D 79 et D 64
Coordonnées UTM :
31 U 0437582-5442952

P PARKING
place de l'École

/ DÉNIVELÉE
altitude mini et maxi, dénivelée cumulée à la montée

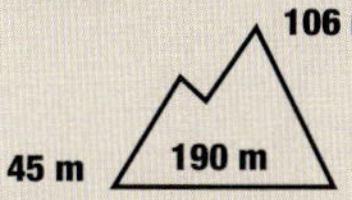

B BALISAGE **VS1**
jaune

À DÉCOUVRIR...

> En chemin :
- Labbeville : château, lavoir, ferme Maigniel, croix de carriers, sentiers du patrimoine
- Menouville : mare, lavoir et ancien relai de poste
- Frouville : chapelle Notre-Dame-de-la-Bonne-Nouvelle, maison de l'Audience, château de Saint-Cyran, lavoir

> Dans la région :
- Vallangoujard : église, lavoirs
- le Sausseron
- Vallangoujard, Nesles-la-Vallée et Parmain

1:25000
0
500 m
N
2021
Feuille 2313 OT
© IGN 2010
Épiais-Rhus
Tuilerie
PR
Rvoir
Bois de la Pointe
les Rentières
la Croix d'Allon
le Bray
la Marnière
les Frênes
la Solette
le Poirier l'Abbé
le Tas de
Bois du Pierrat
Remise à Blondeau
la Grande Pièce
Bois des Menues Terres
les Sables des Beaux Vents
Bois de la St-Gautier
le Puits des Sarrazins
Bois des Pierres Blanches
la Maréchale
Bosquets des Chemins de Pontoise
Bois du Puits Maurin
Bois de Gérocourt
le Chemin d'Épiais
Bois Giloc
Gérocourt
VEXIN
Chap.
Bois Lapin
les Pierres Blanches
l'Islette
Bois du Cimetière
Variante
Bois de l'Arche
Fond des Bouleaux
Livilliers
Cim.
la Couarde
Bois de la Côte Berdin
les Carrières
D 22
les Pierrards
GR 1
le Clos de Rome
Vallée d'Épiais
la Côte Chaumont
les Plans
St. pomp.
les Fleurs du Vexin
Silos
les Morvilliers
Poste gaz
D 79
le Veau Né
la Mare des Theurets
D 915
le Parousel
Génicourt
les Vignes Gâtées
la Maison Blanche
Éc.
le Trou Finaud
Fond de Livilliers
Bois Dame Jeanne
le Fossé à l'Eau
Ravin
les Fossettes
Croix Cocard
Chât. d'eau
Hôtel des ventes
les Châtaigniers
la Vallée
le Bois d'Houssemagne
les Pendants
les Frileuses
le Paon
Guyon
1
2
3
4
5
6
7
8
9

La Grande Pièce

4 h
16,5 km

Partez à la découverte de fermes et villages traditionnels, et longez la « grande pièce », espaces cultivés au sud d'Épiais-Rhus.

1. Longer la mairie par le bas et passer derrière les tennis. Traverser la D 22, l'emprunter à gauche sur 50 m, puis prendre à droite l'impasse des Morvilliers. Tourner à gauche au premier chemin, puis prendre de nouveau le premier chemin à gauche vers le fond de l'Arche.

> Tout droit, la variante permet de rejoindre (6) directement.

2. Continuer en passant derrière la ferme de Gérocourt jusqu'à la D 22. S'engager tout de suite dans le chemin à droite.

3. En arrivant sur Épiais-Rhus, emprunter le premier chemin à gauche jusqu'au chemin de l'Isle ; le suivre à droite pour arriver à la rue de Normandie. La remonter jusqu'à l'église.

4. Passer derrière l'église, rejoindre la rue du Pressoir et prendre immédiatement à droite la sente des Allées. Continuer jusqu'à son extrémité pour déboucher sur la rue Saint-Didier. La traverser et descendre de 20 m pour rejoindre la place Saint-Jean. Emprunter la sente du Croton ; à sa sortie, tourner à gauche puis prendre à droite le chemin de la Moussette [> admirer le paysage dans la descente].

5. Prendre le premier chemin à droite jusqu'à la croix d'Allon. Suivre la route à gauche sur quelques mètres et tourner à droite. Aller toujours tout droit en direction de Livilliers (GR® 1).

> Laisser à droite au bois aux Lapins le chemin qui rejoint Gérocourt par la variante (2).

6. Poursuivre jusqu'à Livilliers.

7. Dans le village, passer derrière l'église et descendre à droite sur la route. À la croix, prendre le chemin à gauche.

8. Emprunter le premier chemin à droite (on quitte le GR® 1). Continuer en lisière du bois Dame Jeanne jusqu'à retrouver à nouveau le GR® 1, puis le quitter immédiatement en prenant le chemin à droite qui remonte vers la zone commerciale.

9. S'engager dans le premier chemin à droite. Remonter la route sur 20 m et tourner à droite sur le chemin qui longe des vergers. Prendre le premier chemin à gauche qui passe devant le cimetière. Continuer sur le chemin qui surplombe la D 79, puis la rejoindre pour traverser le village ; passer devant l'église et retrouver la mairie et le parking.

S SITUATION
Génicourt, à 10 km au nord-est de Cergy-Pontoise par les A 15, N 14 et D 915
Coordonnées UTM : 31 T 431870-5437670

P PARKING
mairie de Génicourt

DÉNIVELÉE
altitude mini et maxi
dénivelée cumulée à la montée
144 m
65 m

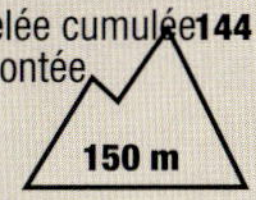

B BALISAGE **VS4**
jaune

À DÉCOUVRIR...

> En chemin :
- Épiais-Rhus : église Notre-Dame, ferme seigneuriale, croix d'Allon, mare, colombier
- ferme de Gérocourt
- Livilliers : église Notre-Dame de la Nativité

> Dans la région :
- Gérocourt : chapelle Notre-Dame-des-Neiges
- Épiais-Rhus : site archéologique gallo-romain, colombier, ancienne gare

0 1:30000 600 m
(1:25000 réduit)
Feuille 2313 OT
© IGN 2010
2021
N
Livilliers
les Carrières
Centre équestre
le Clos de Rome
la Côte Chaumont
les Plans
le Veau Né
la Mare des Theurets
les Muettes
PR
GR 1
le Pendu
le Manoir
Stèle
le Moulin
la Haute Borne
les Poiriers
les Gravois
les Molues
les Vignes Gâtées
le Fossé à l'Eau
Bois des Maréchands
Trou à Pavés
Bois des Hayettes
Fond de Livilliers
Bois Dame Jeanne
Ravin
les Châtaigniers
les Pendants
les Frileuses
Croix Cocard
Vallée Guyon
Mais. de retr.
N.-D. des Trois Clochers
Chât. d'eau
le Plateau
Vaux Péans
les Tillets
le Reposoir
Louville
Centre commercial
la Groue
Rvoir
Centre équestre
Bois Doucet
Fond de St-Antoine
Ennery
la Croix d'Autel
la Roblaire
Ravine des Molues
Vallée de Cléry
les Écaillers
Prison
les Hayettes
le Clos de Normandie
Côte des Beurriers
Jardins ouvriers
les Cornouillers
Bois Péans
Zone Industrielle de la Chapelle St-Antoine
Bâtiment Ferrié
Bâtiment Ampère
le Valhermeil
Centre hospitalier
Déchett.
C. comm.
le Clos Fleuri
Stand de tir
Anc. champign.
le Fond de St-Antoine
Côte des Bailleurts
les Cordeliers
Théâtre
les Louvrais
Piscine
Gend.
la Vierge Noire
Côte des Mathurins
le Chou
Épluches
L'OISE
PONTOISE
l'Hermitage
Chap.
Moulin Bunon
la Source
la Viosne
Moulin Gillet
Chât.
Marcouville
les Noyers
Gare
Parc des expositions
le Plateau St-Martin
D 915
D 927
D 922
D 79
D 27
1
2
3
4
5
6
7
8
1:15000
Jardin de la Ville
Cathédrale St-Maclou
Musée Tavet-Delacour
pl. de l'Hôtel de Ville
place des Moineaux
r. de l'Hôtel de Ville
r. de la Bretonnerie
Couteillerie
rue de la Harengerie
rue A. Prachay
rue du Château
Église Notre-Dame
r. du Grand Godet
rue Pierre Butin
pl. du Parc aux Charrettes
rue Carnot
SNCF
place du Général de Gaulle
Parc du Château
Musée Pissarro
Remparts

Sur les **traces** des **pèlerins**

Compostelle est encore loin mais courage, amis pèlerins, nous arrivons en la bonne ville de Pontoise où nous attend un agréable hébergement.

1 De la gare, prendre la rue Carnot à gauche. À droite, traverser la place du Parc-aux-Charrettes. Descendre à gauche puis prendre à droite la rue Carnot et ainsi contourner l'église Notre-Dame. Tourner rue Richebourg, puis emprunter à droite la rue des Maréchaux. Traverser la rue de Rouen et à gauche longer la Viosne pour sortir rue des Deux-Ponts : aller à droite, puis encore à droite, rue des Étannets. Remonter la rue Pierre-Butin sur 150 m.

2 Gravir à gauche la rue Neuve-Saint-Jacques, aller à droite sur 50 m et entrer dans le jardin public. Tourner à droite et sortir rue de Gisors. Partir à gauche, puis à droite, rue de la Citadelle. Prendre le boulevard J.-Tête à gauche. Continuer boulevard des Beurriers, puis chemin des Beurriers.

3 Juste après les jardins, descendre par le chemin forestier. Suivre à gauche le fond du vallon (GR® 1), passer sous la D 927 et poursuivre en lisière. Bifurquer à gauche (laisser le GR®1) pour continuer en lisière. À la route, aller à droite, puis de suite à gauche sur un chemin barré. Monter par le premier chemin à droite et, en haut, obliquer à gauche (GR® 1). Au calvaire, continuer jusqu'à l'église de Livilliers. Continuer 40 m à gauche.

4 Face au parvis, monter à droite un chemin barré ; puis tourner à droite et continuer entre les champs. Après des serres, face à un champ, tourner à gauche. Au bout, rejoindre à droite et traverser la D 927 pour continuer en face.

5 Au croisement, tourner à droite, couper une route. Se diriger à droite après les tennis, prendre en face le chemin Herbu, puis une rue. Au bout, aller à gauche, rue du Moutier [👁 > église]. Suivre à gauche la rue de l'Herbette, puis à droite la rue de

CATHÉDRALE SAINT-MACLOU À PONTOISE / PHOTO OT CERGY-PONTOISE

···>

20

5 h
20,5 km

S SITUATION
Pontoise, à 30 km au nord-ouest de Paris par l'A15, la D 14 et D 4
Coordonnées UTM : 31 T 433910-5433110

P PARKING
autour de la gare

T TRANSPORT
gares Saint-Lazare et du Nord ; RER ligne C

/ DÉNIVELÉE
altitude mini et maxi, dénivelée cumulée à la montée

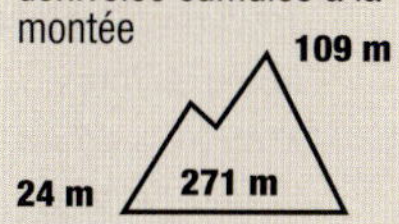

B BALISAGE **B04**
jaune

À DÉCOUVRIR...

> En chemin :
- Livilliers : église Saint-Fiacre XIIe-XVIe
- Ennery : église Saint-Aubin XIIe-XVIe, château XVIIe, charme des vieilles rues bordées d'anciennes fermes
- Pontoise : vieille ville, caves, souterrains, hôtels particuliers, maisons troglodytes, cathédrale Saint-Maclou, église N.-D., monastère du Carmel, musée Pissarro, musée Tavet-Delacour, jardins des Lavandières, des Cinq Sens et de la ville, parc du château de Marcouville, ancien hôpital Saint-Jacques, moulin de la Couleuvre, place de la Harengerie

> Dans la région :
- Cergy-Pontoise : île de loisirs, rives de l'Oise
- Saint-Ouen-l'Aumône : abbaye de Maubuisson

la Mare. À l'embranchement, obliquer à droite, puis à gauche au calvaire (GR® de Pays). Descendre par la D 927 sur 100 m, traverser face à une rue et continuer de suite à droite. S'avancer dans le sous-bois. Au bout, remonter à gauche, traverser le chemin du Bois Payen.

6 Quitter le GR® de Pays et, monter en face la sente en escaliers. Descendre la rue Adrien-Lemoine, tourner à gauche dans le sentier de la Côte-Lézard jusqu'à la dernière maison. Le sentier longe le mur, descend en boucle serrée par la sente du Chou, puis à droite par le chemin du Chou. Rejoindre la rue Adrien-Lemoine, prendre à droite la sente des Cheminées et la rue Maria-Deraismes.

7 Rue de l'Hermitage, suivre en décalage à gauche le chemin des Bottés. Au virage, gravir l'étroit raidillon des Grivières. En haut, aller à gauche et reprendre le chemin des Bottés à droite. Par le chemin des Fortes-Terres à gauche, puis la rue Gambetta à gauche, gagner la place Nicolas-Flamel. Au bout, descendre l'escalier de la rue J.-Lambert. Traverser la D 915, prendre la rue Delacour et arriver place du Grand-Martroy.

8 Rejoindre à gauche la place des Moineaux par un passage couvert, continuer rue Lemercier. Traverser la place de l'Hôtel-de-Ville, prendre la rue de la Roche, monter la rue du Château et après un tour du parc Pissarro, redescendre à gauche par les rues du Paon et Alexandre-Prachay. Prendre à droite les rues Pierre-Butin et de la Harengerie. Des escaliers conduisent à la rue de l'Hôtel-de-Ville : par la gauche, longer la cathédrale et arriver place du Petit-Martroy. Continuer par la rue de la Coutellerie, puis à gauche rue de la Bretonnerie. Rejoindre la gare par la rue du Grand-Godet et la place du Parc-aux-Charrettes.

HISTOIRE

LE CHEMIN DE SAINT-JACQUES

Au Moyen Âge, les pèlerins, appelés « Jacquets », marchaient sur d'anciennes voies gallo-romaines pour se rendre à Saint-Jacques-de-Compostelle. En Vexin, ils empruntaient la route de Beauvais à Pontoise, entrant dans ce qui est aujourd'hui le Val d'Oise par Berville, puis le moulin de Rhus et Mézières où l'on peut voir une coquille sculptée, emblème des pèlerins, au-dessus du porche de la grande ferme. Traversant Livilliers, la croix Cocard, ils entraient dans Pontoise par les actuelles rues Poulain et de l'Éperon, arrivant à l'hôpital Saint-Jacques, près de l'église Notre-Dame. Là, ils trouvaient gite et couvert avant de reprendre la route par le pont de Pontoise.

CALVAIRE DE LIVILLIERS / PHOTO CD95

Porte de l'hôpital Saint-Jacques / photo Comité 95

PATRIMOINE

L'hôpital Saint-Jacques

En 1372, Jacques d'Ennery, riche marchand tanneur de Pontoise, acheta près de la porte de Bart une maison pour héberger les pèlerins de passage. La Confrérie de Saint-Jacques fut confirmée en 1380 par le jeune Charles VI. Au XVIe siècle, l'hôpital, déserté par les pèlerins, servit à loger les passants pauvres.

Rattaché en 1657 à l'hôpital général des Pauvres enfermés, il accueillait désormais les mendiants de passage pour une nuit. Des bâtiments vendus aux enchères en 1787, subsiste la façade de la chapelle encadrée de contreforts et percée d'une grande baie centrale obturée.

PATRIMOINE

L'habitat troglodytique du quartier de l'Hermitage

Certainement premières demeures des anachorètes avant la construction de l'ermitage des Mathurins par Jean Dupin (moine mort en 1504), ces maisons creusées dans la roche, sans eau ni électricité, ont abrité une population démunie, isolée de la ville, vivant de l'agriculture, des vignes et des cultures maraîchères.

Avant d'être abandonnées pour la plupart, ces habitations ont servi d'abris à la défense passive durant la seconde guerre mondiale.

C'est au 23 rue Adrien-Lemoine à Pontoise que l'on peut découvrir les demeures troglodytiques et semi-troglodytiques encore habitées de nos jours.

Carte postale d'une maison troglodytique à Pontoise

HISTOIRE

PONTOISE EN HISTOIRE...

Pontoise, du latin Pontisarae (pont sur l'Oise) est une ville médiévale fortifiée dont saint Louis fit sa résidence favorite, et qui connut aux XVIIe et XVIIIe siècles une activité religieuse intense.

Dominant la ville, construite au XIIe siècle et remaniée plusieurs fois, sacrée cathédrale en 1966, Saint-Maclou abrite un véritable musée composé de vitraux, d'une mise au tombeau du XVIe et de nombreuses œuvres d'art. C'est un superbe édifice de style composite avec chevet et transept gothique primitif (XIIe), façade gothique flamboyant (XVe) et bas-cotés Renaissance (XVIe).

Sur la place de l'Hôtel-de-Ville, depuis 1854, l'hôtel de ville occupe l'emplacement de l'ancien couvent des Cordeliers (installés là au XVe siècle) où Bossuet fut sacré évêque de Condom le 21 septembre 1670 et dont subsistent encore quelques vestiges : le cloître à l'intérieur de l'hôtel de ville et les restes de deux arcades de l'église. Sur cette place autrefois appelée « place de l'Étape-au-Vin », on faisait le commerce de ce déjà réputé breuvage.

Place Notre-Dame, se trouve l'église Notre-Dame. Chapelle érigée en 1137 pour les drapiers de La Foulerie, devenue vaste basilique fortifiée aux XIIIe et XIVe siècles, détruite lors du siège de la ville par Henri III en 1589, elle fut reconstruite plus modestement et consacrée en 1599. On peut y voir, depuis 1845, le tombeau de saint Gautier qui dirigea l'abbaye bénédictine de saint Martin de Pontoise de 1070 à 1099. Dans la chapelle de l'entrée principale, se trouve « La Vierge Miraculeuse » que viennent

VUE SUR PONTOISE / PHOTO CD95

Musée Tavet / photo OT Cergy-Pontoise

toujours implorer bon nombre de pèlerins chaque année en septembre. De multiples ex-votos, certains datés de 1870, recouvrent les murs.

Place du Petit-Martroy, c'est la découverte du jardin public situé sur une partie des anciennes douves qui protégeaient les remparts de la ville. Ex propriété d'un contrôleur des finances de la maison du roi, Levasseur de Verville, il appartient à la ville depuis 1918 et s'agrémente d'un superbe kiosque à musique et de petits labyrinthes issus d'anciens ouvrages militaires.

Surplombant le petit square de la Poste, le musée Tavet-Delacour possède dans ses réserves nombre de sculptures, peintures et dessins anciens. En 1899, cet ancien vicariat de l'époque Renaissance fut transformé en musée par Camille Tavet, l'un des fondateurs de la Société historique de Pontoise.

PATRIMOINE

Les souterrains du vieux Pontoise

Le centre historique de Pontoise est construit sur un plateau, appelé mont Bélien, qui comprend 900 cavités représentant 20 % de son territoire. Des carrières ont été creusées et exploitées jusqu'au XIVe siècle, créant ainsi le patrimoine souterrain de Pontoise. On retrouve ainsi, outre les carrières, puits d'extractions, salles voûtées, escaliers à mains, ouvrages militaires allant du XIIe au XVIIe siècle.

- Visites guidées avec l'office de tourisme de Cergy-Pontoise – Porte du Vexin, 1 place de la Piscine, 95300 Pontoise,
- tél. 01 34 41 70 60
- accueil@ot-cergypontoise.fr,
- www.ot-cergypontoise.fr/

Souterrain de Pontoise / photo OT Cergy-Pontoise

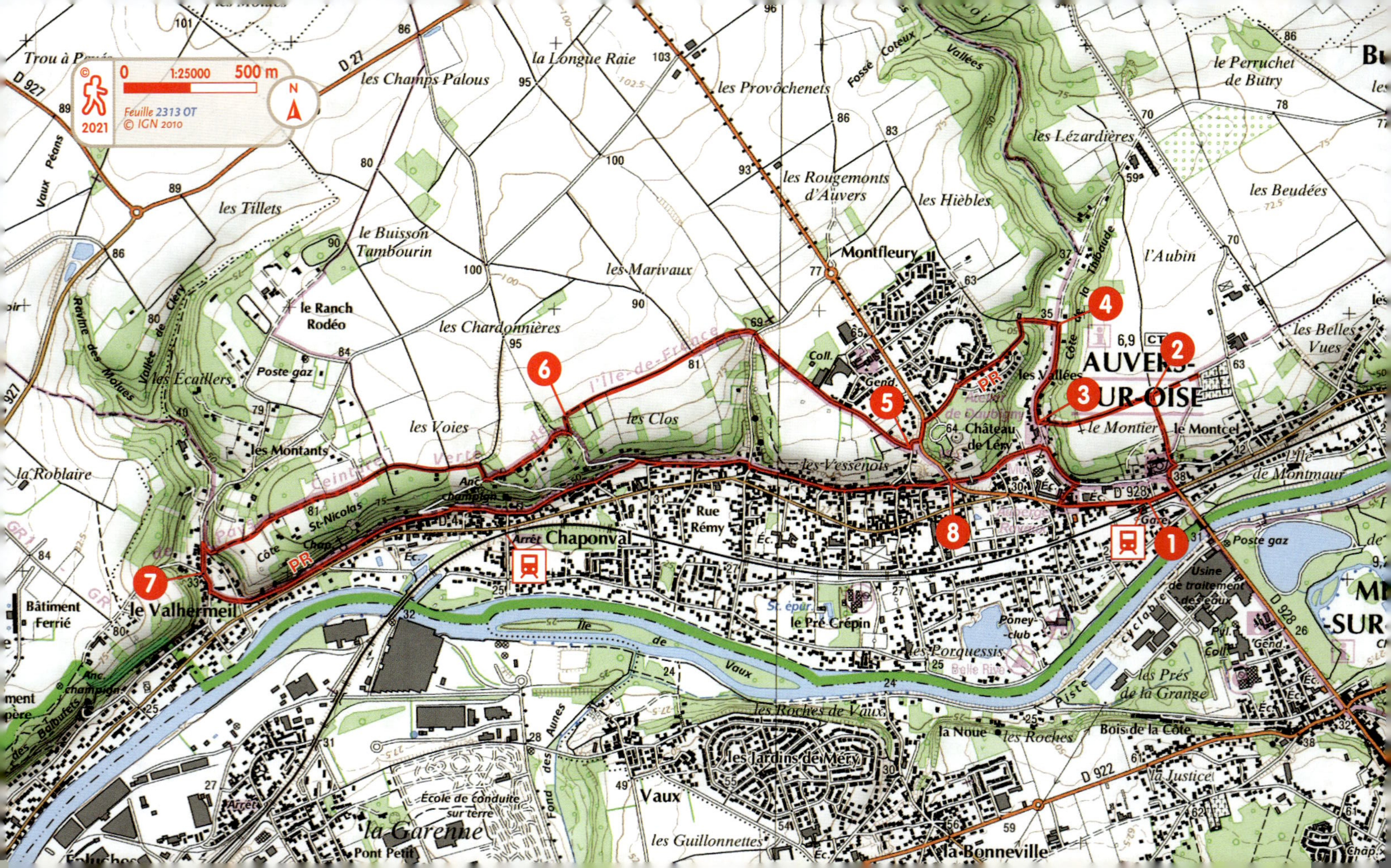

0 1:25000 500 m
Feuille 2313 OT
© IGN 2010
© 2021
AUVERS-SUR-OISE
Montfleury
Chaponval
le Valhermeil
Château de Léry
les Vessenots
les Clos
les Voies
les Chardonnières
les Marivaux
le Buisson Tambourin
le Ranch Rodéo
les Écaillers
les Montants
la Roblaire
les Tillets
les Champs Palous
la Longue Raie
les Provôchenets
les Rougemonts d'Auvers
les Hièbles
les Lézardières
le Perruchet de Bury
les Beudées
l'Aubin
les Belles Vues
les Vallées
le Montier
le Montcel
l'Île de Montmaur
Rue Rémy
le Pré Crépin
les Porquessis
Poney-club
Belle Rive
les Prés de la Grange
Bois de la Côte
la Justice
les Roches de Vaux
la Noue
les Roches
les Jardins de Méry
Vaux
les Guillonnettes
la Bonneville
la Garenne
Pont Petit
École de conduite sur terre
Fond des Aunes
Bâtiment Ferrié
Ravine des Molues
Vallée de Cléry
Vaux Péans
Trou à Pavé
Usine de traitement des eaux
Poste gaz
Arrêt
Gare
St-Nicolas
Anc. champign.
PR
Ceinture Verte de l'Île-de-France
D 927
D 27
D 928
D 922
GR 1
1
2
3
4
5
6
7
8

Chemin des **Peintres**

Le village d'Auvers-sur-Oise fut la terre d'adoption de nombreux peintres impressionnistes dont Charles-François Daubigny et Vincent Van Gogh.

1 Sortir du parking par le souterrain, tourner à droite vers le pont, puis à gauche vers l'église. Monter par le chemin juste après la reproduction du tableau de Van Gogh. Arriver à un croisement.

> Possibilité d'effectuer l'aller-retour jusqu'au cimetière *(tombe de Van Gogh)* à 200 m à droite.

2 Descendre à gauche.

3 Par la rue Daubigny à droite (GR® 1), s'avancer jusqu'à un hangar de réparations de voitures anciennes.

4 Un peu avant le hangar, remonter à gauche par un chemin. Dans le bois, bifurquer à gauche et monter vers une résidence et poursuivre par le chemin des Berthelées. Après les parkings du château, arriver à la D 928 ; la traverser pour descendre jusqu'à la rue des Carrières-Notre-Dame que l'on emprunte sur 60 m.

5 S'engager sur le chemin à droite (GR® 1). Traverser une route **(⚠ > prudence, mauvaise visibilité)** pour remonter à gauche vers le plateau. Suivre la crête en limite du plateau agricole sur 1,5 km. Longer un bosquet, ignorer un chemin à gauche et continuer sur 50 m.

6 Descendre à gauche par une sente parsemée de rochers. En bas, remonter à droite, puis bifurquer à gauche. Après 300 m, au carrefour, obliquer à droite sur un chemin qui tourne rapidement à gauche. Ignorer des chemins de part et d'autre sur 1 km jusqu'à un sentier abrupt qui descend jusqu'au Valhermeil. Emprunter la route à gauche et dépasser le point de jonction du circuit A10 et du circuit A11 qui va à Pontoise (voir PR® 5).

7 L'itinéraire revient alors au point de départ par des ruelles très pittoresques. Suivre ainsi successivement les rues des Roches, S.-Le-Danois, des Ruelles, des Meulières, F.-Coppée, Gachet et V.-Hugo. Arriver face au château.

8 Traverser la D 928 et prendre la rue de Léry à droite du château jusqu'à une croix. Tourner à droite dans la rue Daubigny, puis encore à droite dans une petite rue piétonne, la rue de la Sansonne, qui rejoint la place de la Mairie. Tourner à gauche pour retrouver la gare 400 m plus loin.

21

3h
9,5km

S SITUATION
Auvers-sur-Oise, à 7 km au nord-est de Cergy-Pontoise par la D 4
Coordonnées UTM :
31 T 439760-5435630

P PARKING
derrière la gare, rue Montmaur

T TRANSPORT
gare du Nord ligne H direction Pontoise puis Persan-Beaumont ; ou direction Valmondois pour Méry-sur-Oise (à 2 km d'Auvers-sur-Oise)

/ DÉNIVELÉE
altitude mini et maxi, dénivelée cumulée à la montée

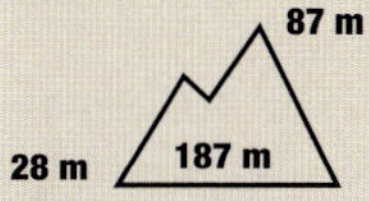

B BALISAGE **A10**
jaune

! DIFFICULTÉS !
- descente dans les rochers entre **6** et **7**
- descente délicate en fin du tronçon vers **7**

À DÉCOUVRIR...

> En chemin :
- reproductions de tableaux de peintres impressionnistes de la vallée de l'Oise, atelier Daubigny, musée Daubigny, maison de Van Gogh, musée de l'Absinthe, château (parcours spectacle), galerie d'art contemporain, office de tourisme (vidéo gratuite, abri randonneurs), cimetière avec tombe de Van Gogh

> Dans la région :
- Valmondois : maison de la Meunerie au hameau de la Naze

Île de Vaux, petit bras de l'Oise à Auvers, œuvre de Charles-Francois Daubigny / © Musée Daubigny

ARTS ET LITTÉRATURE

Daubigny, peintre de l'eau

Charles-François Daubigny, premier artiste installé à Auvers-sur-Oise en 1860, défendit la peinture impressionniste, dont il fut le précurseur. Paysagiste inspiré, il réalisa de nombreuses toiles à bord de son bateau-atelier, le Botin, sur lequel il sillonnait l'Oise et la Seine avec son fils Karl et son ami Corot. Sa maison-atelier, classée monument historique, est ouverte au public. Le musée Daubigny présente ses œuvres, celles de Karl et de son entourage. Leurs visites permettent de mieux comprendre l'importance de ce peintre-graveur, admiré par Vincent Van Gogh. L'artiste séjourna 18 ans à Auvers-sur-Oise, y attirant maints artistes venus de Paris par le chemin de fer (ce fut la première ligne créée en Île-de-France). La vallée de l'Oise devint par la suite l'un des hauts lieux de l'impressionnisme.

Vue sur le château d'Auvers-sur-Oise / photo CD95

ARTS ET LITTÉRATURE

VINCENT VAN GOGH

Le 21 mai 1890, Vincent Van Gogh, après un séjour à l'asile de Saint-Rémy-de-Provence, est reçu par le docteur Gachet, recommandé par son frère. Alors inconnu du public, il est au sommet de sa maîtrise artistique et peint avec frénésie environ soixante-dix toiles en deux mois. En pleine possession de son art, Van Gogh puise son inspiration dans la vie paysanne et l'architecture d'Auvers-sur-Oise. D'une grande force expressive, sa palette s'assombrit néanmoins peu à peu, exprimant le mal de vivre qui le tourmente. Il se tire un coup de revolver en plein champ le 26 juillet 1890. Il décède trois jours plus tard à l'auberge Ravoux, où il séjournait, et est enterré dans le cimetière du village.

TOMBES DE VINCENT ET THÉODORE VAN GOGH / PHOTO G.L.R.

REPRODUCTION D'UN TABLEAU DE VAN GOGH, *LE CHAMP DE BLÉ AUX CORBEAUX* / PHOTO COMITÉ 95

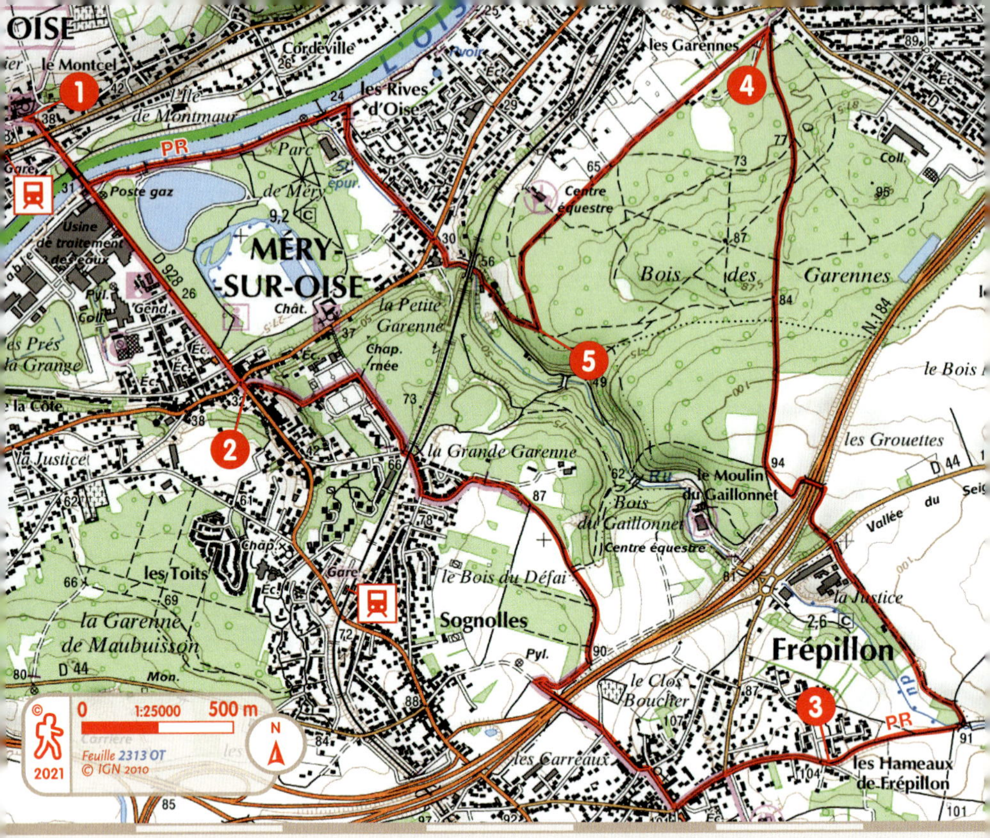

PATRIMOINE

LE CHÂTEAU DE MÉRY

Édifié au XIVe siècle par Pierre d'Orgemont, puis reconstruit en 1580 pour être remanié au XVIIIe, le château de Méry-sur-Oise présente une belle façade Renaissance. Mansart serait intervenu sur le château et Le Nôtre sur les jardins. Longtemps propriété de la famille Ségur, la comtesse Sophie y écrivit plusieurs de ses œuvres. Saccagés à la Révolution, les jardins sont recréés en 1850, peut-être par Louis Sulpice Varé, le créateur du bois de Boulogne. En 1911, une usine de traitement des eaux est construite à proximité et un bassin de réserve est installé dans le parc. Le domaine est racheté aux Ségur par la Générale des Eaux en 1986. Il est aujourd'hui la propriété de la municipalité de Méry et accueille des manifestations culturelles et des séminaires.

CHÂTEAU DE MÉRY-SUR-OISE / PHOTO COMITÉ 95

Le **bois** des **Garennes**

3 h
11,5 km

PIC ÉPEICHE / DESSIN P.R.

Typique de la région, l'itinéraire propose un mélange harmonieux de bois, cultures, patrimoine bâti et historique.

1 De l'église d'Auvers, descendre la rue de Paris, puis filer tout droit par les ponts SNCF et sur l'Oise. Gagner le centre de Méry-sur-Oise (GR® de Pays) en longeant le parc du château. Environ 30 m après avoir coupé la D 922, arriver à une bifurcation.

2 Monter à gauche par la sente du Moulin qui rejoint et longe les stades. Au bout, tourner à droite. Franchir un passage à niveau et, 300 m plus loin, suivre le chemin de la Galoppe. Poursuivre par un chemin de terre le long des cultures. À la N 184, partir à droite pour franchir la voie rapide sur la passerelle. Continuer alors tout droit jusqu'à l'église de Frépillon. Continuer à sa droite, Grande Rue, et à la mairie, tourner à gauche rue du Caudray. Laisser le GR® de Pays.

3 Aux dernières maisons, descendre à gauche par une allée interdite aux motorisés. Arriver à hauteur d'un bosquet. Tourner à gauche sur le petit pont, et bifurquer rapidement à gauche sur un chemin creux. Traverser avec prudence la D 44, s'avancer en face sur le chemin creux. Franchir la passerelle sur la N 184 et poursuivre à droite en lisière de bois, puis à travers le bois des Garennes. Atteindre une barrière à l'entrée de Mériel.

4 Prendre à gauche sur une route, dépasser un centre équestre et continuer dans le sous-bois jusqu'à un chemin creux.

5 Descendre à droite et passer sous le viaduc du chemin de fer. Par le chemin du Rû, puis la rue du Bac, filer jusqu'à l'Oise. En suivant le chemin de halage à gauche, retrouver le pont sur l'Oise ; le franchir et continuer jusqu'à l'église d'Auvers-sur-Oise.

ÉGLISE NOTRE-DAME D'AUVERS-SUR-OISE / PHOTO COMITÉ 95

S SITUATION
Auvers-sur-Oise, à 7 km au nord-est de Cergy-Pontoise par la D 4
Coordonnées UTM : 31 T 439760-5435630

P PARKING
église ou derrière la gare, rue Montmaur

T TRANSPORT
gare du Nord ligne H direction Pontoise puis Persan-Beaumont ; ou direction Valmondois pour Méry-sur-Oise (à 2 km de Auvers-sur-Oise)

DÉNIVELÉE
altitude mini et maxi, dénivelée cumulée à la montée

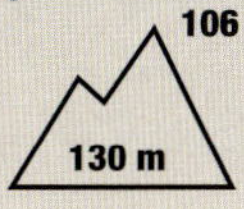

B BALISAGE **A9**
jaune

À DÉCOUVRIR...

En chemin :
- Auvers-sur-Oise : église
- Méry-sur-Oise : château XIVe-XVIe-XVIIIe
- bords de l'Oise
- tout le long du chemin : reproductions de tableaux de Van Gogh, Pissarro, etc

Dans la région :
- Auvers-sur-Oise : cimetière avec tombe de Van Gogh, atelier Daubigny, musée Daubigny
- Valmondois : villa Daumier

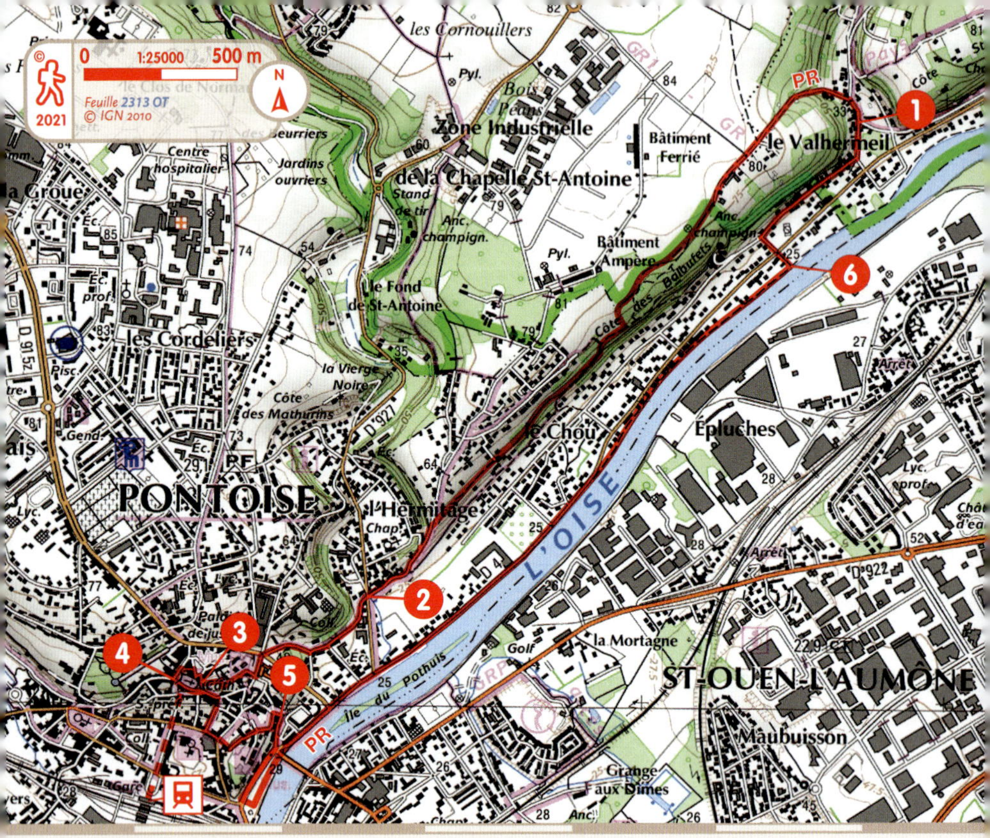

PATRIMOINE

Pontoise, ville d'art et d'histoire

Classée ville d'art et d'histoire en 2006, Pontoise possède de nombreux monuments historiques, maisons et quartiers anciens utilisés comme lieux de tournage de films : les Étanets, la Harengerie, le Grand et Petit Martroy, la place aux Moineaux…

L'itinéraire passe à proximité de plusieurs édifices religieux (cathédrale Saint-Maclou, église Notre-Dame, Carmel), ainsi que du musée Tavet-Delacour près de la mairie (sculptures médiévales, manuscrits et peintures des XVIIIe et XXe siècles) et du musée Pissarro près du jardin des Cinq Sens dans le parc de l'ancien château (collections d'œuvres impressionnistes).

Les berges de l'Oise ont inspiré de nombreux peintres : Pissarro – qui vécut à Pontoise plus de 10 ans –, Daubigny, Cézanne…

Monastère du Carmel à Pontoise / photo Comité 95

Pissarro à Pontoise

23

2h30
7,8km

Pontoise, ville d'art et d'histoire, au centre médiéval, se mire dans l'Oise. Le circuit ondule entre coteaux et bord de l'Oise.

1 Rejoindre le coin de la rue des Roches et de la rue du Valhermeil. Prendre à droite cette dernière, puis à gauche la rue d'Ennery et monter sur le coteau. Poursuivre sur un large chemin, puis en sous-bois. Après un virage à gauche, emprunter à droite la sente, puis le chemin du Chou à droite et enfin la rue Adrien-Lemoine pour gagner Pontoise.

2 Traverser la rue de l'Hermitage, continuer rue J.-P.-Soutumier. Au calvaire, bifurquer à droite, rue L.-Francia et arriver place Saint-Louis. Couper le boulevard J.-Jaurès et prendre la rue V.-Hugo jusqu'à la place de l'Hôtel-de-Ville [👁 > vestiges du couvent des Cordeliers, musée Tavet-Delacour]. Par la rue Lemercier à droite, rejoindre la place des Moineaux ; la traverser en biais.

3 En haut des gradins, le passage des Moineaux amène sur la place du Grand-Martroy. Par la rue des Balais à gauche, rejoindre la place du Petit-Martroy et passer devant l'entrée de la cathédrale Saint-Maclou. Gagner à gauche la statue du Général Leclerc.

> Possibilité de rejoindre la gare en descendant les marches et en filant tout droit rue Thiers.

4 Continuer par la rue de Hôtel-de-Ville jusqu'au n° 27 où un petit escalier descend à droite vers la place de la Harengerie. Prolonger par la rue du même nom qui arrive rue P.-Butin [👁 > monastère du Carmel]. Aller à gauche, puis en face, rue de la Croix-du-Bourg. Au bout, descendre par la rue du Château [👁 > parc du château à droite ; musée Pissarro, jardin des Cinq Sens].

5 Tourner dans la rue de la Roche à droite, et descendre vers l'Oise. Continuer à droite, rue de l'Hôtel-Dieu, et traverser au niveau de l'Office de Tourisme. Longer alors l'Oise vers la gauche sur environ 2,5 km [👁 > reproductions de tableaux de Pissarro].

6 Tourner à gauche dans le chemin du Général. Couper la D 4, aller en face, puis à droite dans la rue des Coteaux se prolongeant par la rue Schmitz. Au bout, s'avancer à gauche rue du Valhermeil.

PLACE DES MOINEAUX / PHOTO COMITÉ 95

S SITUATION
Le Valhermeil, à 3 km au nord-est de Pontoise par la D 4
Coordonnées UTM :
31 T 436250-5435320

P PARKING
rue des Jardins et rue des Roches

T TRANSPORT
RER ligne C Pontoise ; gare du Nord ligne H direction Pontoise

/ DÉNIVELÉE
altitude mini et maxi, dénivelée cumulée à la montée

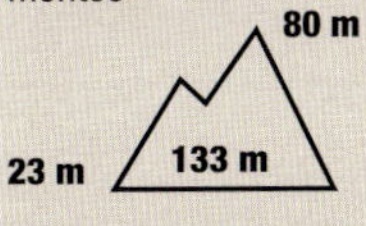

B BALISAGE **A11**
jaune

À DÉCOUVRIR...

> En chemin :
- Pontoise : vestiges du couvent des Cordeliers, musée Tavet-Delacour, place des Moineaux, cathédrale Saint-Maclou, monastère du Carmel, musée Pissarro, jardin des Cinq Sens dans le parc du château, reproductions de tableaux de Pissarro au bord de l'Oise, vieille ville, caves, souterrains, hôtels particuliers et maisons troglodytes

> Dans la région :
- Cergy-Pontoise : île de loisirs, rives de l'Oise
- Saint-Ouen-l'Aumône : abbaye de Maubuisson

MONTIGNY-LES-CORMEILLES
CORMEIL
la Frette-sur-Seine
Forêt Régionale
Fort de Cormeilles
Station d'Épuration d'Achères
Champ de Courses d'Entraînement de Fromainville
Hippodrome de Maisons-Laffitte
Cité de Fromainville
Pavillon d'Herblay
Pavillon d'Artois
Porte d'Artois
Poste d'Artois
Jardin d'Herblay
Pépinière de la Ville de Paris
Bac piétons
Gare
PR
les Grands Fonds
les Sorans
le Martray
Maisons de retraite
les Plans St-Denis
la Côte St-Rémy
Champs Druets
la Croix Cirasse
les Épinettes
les Tartres
le Chemin Vert
les Picardes
les Cordes
le Pré aux Lions
les Bruyères
le Cimetière aux Anglais
les Chariots
le Clos
le Tartrogon
le Tartre Mulet
Haut de la Tuile
la Plâtrière
Central téléphonique
la Montagne
Bois de St-Marc
Maison Forest. des Rinvals
Centre équestre
Château d'eau
Porte de Fromainville
Étoile de Vauxelles
Étoile de Brienne
Piste d'entraînement
Poste électr.
Stand de tir
0 1:25000 500 m
Feuilles 2214 ET - 2313 OT
© IGN 2010
© 2021

Panoramas de la **Seine** à la **Montagne**

24

4h30
18km

Longeant les berges de la Seine, puis gravissant la butte du Parisis, ce circuit permet de découvrir quelques beaux panoramas.

1 Sortir par le parking derrière la gare. Suivre à droite la rue de Nancy, puis la rue de Strasbourg. Au gymnase, tourner à gauche boulevard de Lorraine, puis à droite rue de la Mardelle.

2 Cheminer à droite sur la sente de la Côte-du-Bras-Paris (GR® 2) qui surplombe la Seine [👁 > point de vue] et poursuivre sente des Verjus, rampe du Beau Site, chemin du Vieux-Cimetière, rue Aristide-Briand, sente de la Côte-du-Village et sente de la Grande-Côte.

3 Au bout, laisser le GR® partir tout droit, et prendre un petit passage sur la gauche. Poursuivre à droite, rue des Prés, puis rue de la Frette et gagner la Seine ; la longer. Après le passeur, continuer jusqu'aux immeubles.

4 Tourner à droite, passer la barrière et monter dans le parc. En haut, aller à droite et plus loin redescendre par un escalier pour prendre la rue des Grosses-Eaux (GR® 2). Monter à l'église d'Herblay [👁 > point de vue], puis suivre le chemin des Côtes-de-la-Frette jusqu'à la sente.

5 Continuer rue des Frères-Bolifraud, emprunter à gauche la sente du Bas-des-Clos, la rue de Cormeilles à droite, la rue Alexandre-Dumas à droite, puis la rue de la Ville-de-Paris. Franchir une passerelle, aller à gauche, puis à droite le long de la voie ferrée. Prendre à gauche sous le pont, monter tout droit et couper la D 392. Suivre en haut à gauche, la rue des Bergères, puis à droite la sente du Pré-aux-Lions. Au bout, prendre la route à droite et après 100 m, la traverser et passer la barrière.

6 Suivre l'allée. Prendre sur la droite et longer la lisière du bois à main gauche. À 300 m, un sentier à gauche (**⚠ > entrée peu visible**) s'élève doucement vers le fort [👁 > point de vue] ; en contourner une partie avant de couper la D 122 *(dite route stratégique)* et rejoindre l'autre partie du bois. Prendre le chemin à gauche, passer par les cascades, la stèle des Fusillés et déboucher à la Montagne, point culminant du parcours.

7 Prendre la D 122 sur la gauche et entrer dans le parc Schlumberger [👁 > point de vue] ; le traverser en descendant. Sortir à gauche. Passer devant le lavoir, puis la stèle du commandant Kieffer. Au bout de la rue, descendre les marches puis tourner à droite et traverser le petit bois. Descendre la sente des Glaises (**⚠ > prudence en cas de pluie**). Aller en face rue Montalent puis à gauche rue Gabriel-Péri, remonter jusqu'à l'église et passer à gauche sous le porche. Passer le petit parking, poursuivre jusqu'à la mairie et redescendre jusqu'à la gare.

S SITUATION
Cormeilles-en-Parisis, à 15 km au nord-ouest de Paris par la D 192
Coordonnées UTM :
31 T 440980-5424220

P PARKING
gare de Cormeilles-en-Parisis

T TRANSPORT
gare Saint-Lazare
ligne J direction Conflans-Sainte-Honorine

/ DÉNIVELÉE
altitude mini et maxi, dénivelée cumulée à la montée

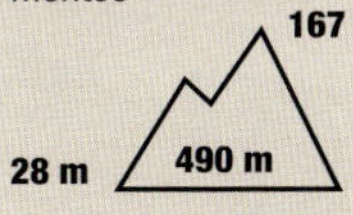

B BALISAGE **BP1**
jaune

À DÉCOUVRIR...

> En chemin :
- Herblay : église Saint-Martin XIIe, point de vue
- La Frette : maison de Roger Ikor, église Saint-Nicolas XIIe-XIIIe
- Cormeilles-en-Parisis : fort XIXe, parc Schlumberger, maison de Daguerre, église Saint-Martin XIIe, musée du Plâtre, musée du Vieux Cormeilles

> Dans la région :
- Argenteuil : chapelle Saint-Jean, cave dimière, restes de l'abbaye, musée
- Sannois : moulin, musée
- La Frette : circuit des Tableaux sur les bords de Seine

PATRIMOINE

La « Montagne »

Lieu-dit situé au sommet de la colline surmontant Cormeilles-en-Parisis, la « Montagne » est une colline boisée sur laquelle se situent le fort et le parc Schlumberger.

Construit entre 1874 et 1877, le fort faisait partie de la ceinture de défense érigée autour de Paris après la défaite de 1870. Il était déjà militairement dépassé en 1914, et fut occupé par l'armée allemande durant la seconde guerre mondiale. À la Libération, il servit de centre d'internement pour collaborateurs et prisonniers de guerre allemands, et devint ensuite centre d'entraînement pour commandos. Depuis 1997, il appartient au Conseil régional d'Île-de-France (visites guidées le 1er dimanche de chaque mois à 15 heures).

Le parc faisait partie de la propriété de la famille Schlumberger. D'une superficie de 8 ha, il abrite des arbres centenaires (magnifique séquoia). Depuis ce parc s'étend une très belle vue sur Cormeilles.

PHOTOS DE HAUT EN BAS :
PORTE DU FORT DE CORMEILLES-EN-PARISIS /
PHOTO COMITÉ 95 ;
PARC SCHLUMBERGER /
PHOTO CD95

LA SEINE À HERBLAY / PHOTO COMITÉ 95

TECHNIQUES

LE PLÂTRE À CORMEILLES-EN-PARISIS

Le gypse, ou pierre à plâtre, est connu à Cormeilles-en-Parisis depuis l'époque gallo-romaine. Son exploitation est attestée par des documents du XVe. La carrière Lambert est créée en 1822. En 1930, au plus fort de son développement, elle est alors la seule en France à pouvoir alimenter à la fois la fabrication du plâtre, des briques, de la chaux et du ciment. Elle devient l'une des plus grandes d'Europe à ciel ouvert et a attiré bon nombre de travailleurs, notamment bretons, chinois ou polonais. Encore exploitée aujourd'hui, la carrière est peu à peu remblayée et réaménagée.

ARTS ET LITTÉRATURE

DAGUERRE

Né à Cormeilles-en-Parisis en 1851, au n° 105 de la rue Gabriel-Péri, Louis Daguerre a mis au point le daguerréotype. À la différence des photographies modernes, il s'agit d'une image sans négatif, exposée directement sur une surface en argent polie comme un miroir. Avec Nicéphore Niepce, il est le père de la photographie.

PLAQUE DE LA RUE DAGUERRE À CORMEILLES-EN-PARISIS / PHOTO COMITÉ 95

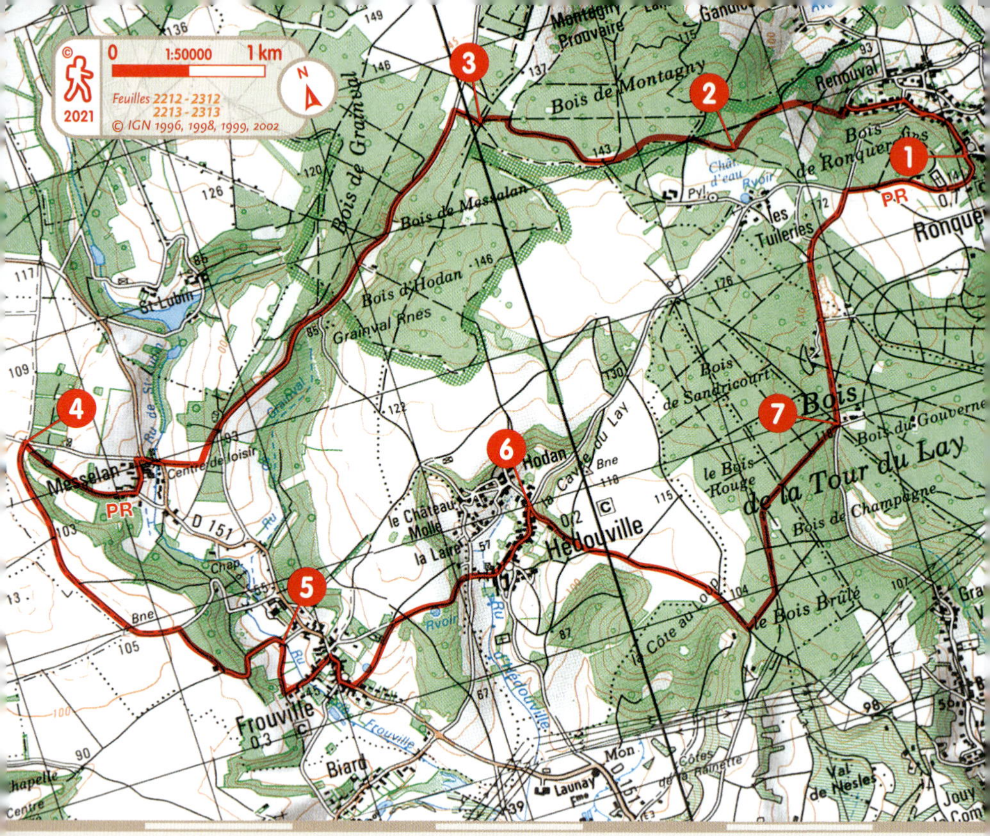

TRADITIONS

La chapelle Saint-Robert

Il subsiste aujourd'hui, sur le site de l'ancien prieuré de la tour du Lay, une petite chapelle très harmonieuse destinée à l'origine à saint Nerlin. À la suite d'une longue sécheresse et malgré les nombreuses invocations à saint Nerlin, la sécheresse persistant, les habitants décident de le déposer et de le remplacer par saint Robert. Une pluie bienfaisante les conforta dans leur décision. Vers 1840, la statue de saint Robert est retrouvée dans les décombres du prieuré. La légende rapporte que, trop lourde pour être transportée, on décida d'élever une chapelle sur place. Depuis, chaque 29 avril, date de la Saint-Robert, un pèlerinage attire une foule de fidèles qui vont faire leurs ablutions dans la fontaine des moines du Lay, à proximité.

Chapelle Saint-Robert / photo Comité 95

Au **nord** du **Sausseron**

5h15
21km

L'itinéraire propose une randonnée d'une journée parmi les bois, les champs et les petits villages campagnards, typiques du Vexin français.

PERDRIX GRISE / DESSIN P.R.

1 Monter à droite vers l'église, suivre en face la rue des Gratteleux, puis la rue H.-Chéron. Au virage, s'engager à gauche dans la ruelle de la Folle-Entreprise puis dans le chemin creux à droite (chemin des Vaches). Traverser une clairière et entrer dans le bois des Cailloux par le chemin des Sections.

2 Longer des cultures sur 200 m, puis pénétrer dans le bois de Montagny. Continuer jusqu'à la jonction avec le GR® 11 [👁 > monument].

3 Aller en face, puis emprunter une petite route à gauche. Dans un léger virage à gauche, continuer tout droit en lisière, puis à droite sur un chemin bordé de haies. Déboucher sur la D 151 ; la suivre en face et, à l'angle du haras, tourner à gauche rue Boudoche, puis à droite rue du Pont-de-Messelan. Prolonger par un chemin sous couvert jusqu'au poteau de Messelan.

4 S'avancer à gauche, puis traverser les cultures jusqu'au Grand Bois. Longer sa lisière à droite. Au hangar, descendre à gauche vers Frouville.

5 Après un lavoir, suivre le chemin herbeux à droite et prendre le premier chemin à gauche (maisons). En face, rejoindre la D 151 (Grande Rue) et l'emprunter à droite [👁 > église]. Après une rue à droite, monter à gauche par un chemin. Au croisement, filer à droite, puis tout droit. Au bout d'un champ, le chemin descend parmi les taillis. En bas, couper une route, continuer en face vers le village. Dépasser l'église par la Grande-Rue.

6 Au parking de la mairie, monter à droite par le chemin des Fortes-Terres qui se prolonge à travers champ jusqu'à l'orée du bois. Aller en face, puis à gauche (barrière) sur 200 m. Bifurquer à gauche. Au carrefour du Bois Rouge, continuer jusqu'au Grand Rond [👁 > polissoir néolithique].

7 Suivre la route à gauche et obliquer à droite à la fourche. À la route de Ronquerolles, partir à droite, dépasser le cimetière. Face à l'église, regagner le départ à droite.

S SITUATION
Ronquerolles, à 28 km au nord-est de Pontoise par les D 922 et D 1001
Coordonnées UTM : 31 T 443070-5446390

P PARKING
école

T TRANSPORT
gare du Nord direction Beauvais, gare de Chambly (à 3 km de Ronquerolles)

/ DÉNIVELÉE
altitude mini et maxi, dénivelée cumulée à la montée

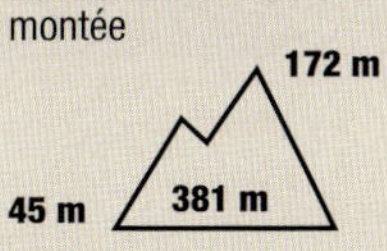

B BALISAGE **CH7**
jaune

À DÉCOUVRIR...

> En chemin :
- églises de Ronquerolles, Frouville et Hédouville
- monument à la mémoire du maquis de Ronquerolles
- polissoir néolithique

> Dans la région :
- ruine de Grainval, ancienne ferme de la fin du XIVe
- carrefour de maladrerie à Hodent

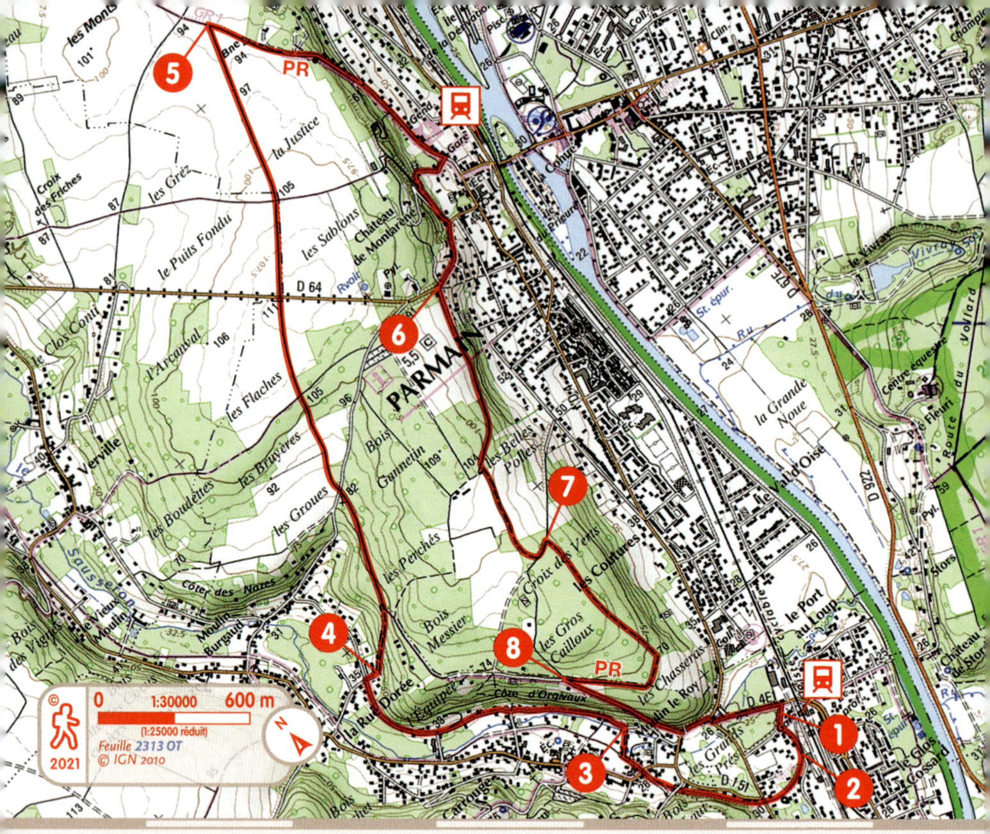

TECHNIQUES

Les Moulins de Valmondois

Mécanisme du moulin de la Naze / photo Comité 95

Du XIIIe au XIXe siècle, la minoterie est la principale activité de Valmondois qui posséda jusqu'à sept moulins. Si certains – comme le moulin sous l'Église et le moulin de Léry – ont été transformés en habitations, le moulin d'Orgivaux fut transformé en fabrique de glace (miroirs) utilisant la force hydraulique, pour ses compresseurs. Le moulin Le Roy, qui fonctionna jusqu'en 1978, est devenu l'atelier de Michel Guével, maître-verrier. Quant au double moulin de la Naze, il est devenu en 2004 la maison de la Meunerie, une des maisons-musées du Parc naturel régional du Vexin français. Sa réhabilitation a permis de conserver la machinerie d'époque et de remettre en fonctionnement la roue Poncelet (type de roue à aubes), inscrite à l'inventaire supplémentaire des monuments historiques.

La **croix** des **verts**

Quelques kilomètres pour se replonger aux premières heures du chemin de fer. La ligne secondaire Valmondois – Marines a fonctionné jusqu'au milieu du XXe siècle.

1 Du parking, rejoindre l'avenue de la Gare. Prendre tout de suite à gauche la rue des Violaines sur 50 m puis encore à gauche la rue de la Division-Leclerc.

2 Suivre l'ancienne voie de chemin de fer. Traverser la D 4 et prendre en face la rue des Murs menant à Valmondois. Prendre à gauche la Grande Rue (D 151) puis à droite le chemin de la Corderie. Prendre à droite le petit sentier qui longe le ru et traverser le Sausseron par la passerelle.

3 Prendre à gauche la rue d'Orgivaux à laquelle succède le chemin des Vallées sur 1,2 km.

4 À hauteur du 28 bis du chemin des Vallées, monter par la sente à droite (chemin du Pont-de la-Rue-Dorée). Dans le bois, prendre le chemin à gauche (chemin de Pontoise), traverser la route et poursuivre par le chemin en face. Franchir la D 64 (route de Parmain-Nesles). Suivre toujours tout droit le chemin à travers champs [> les champs sont parsèmes de cheminées d'aération des anciennes champignonnières].

5 À l'extrémité du chemin, tourner à droite et suivre le GR® 1. Passer la maison et arriver à Parmain par le chemin de la Justice. Descendre à droite la rue du Maréchal-Foch. Avant le bas de la rue, monter à droite par la sente au Beurre. Prendre à gauche le chemin de Montarène et à droite la rue de Nesles.

6 À mi-côte, emprunter à gauche la rue du Lieutenant-Guilbert qui se prolonge en sentier. Entrer dans le bois, passer entre deux haies et pénétrer à nouveau dans le bois. Prendre à gauche un chemin plus large et à 50 m après tourner à droite.

7 Suivre ce chemin sur près d'1 km et au bout prendre le chemin de droite.

8 Prendre la route des Sablons en épingle à cheveux à gauche. Suivre à gauche le boulevard de la Gare puis après le feu, retrouver l'avenue de la Gare menant au parking.

26

2h15
9km

S SITUATION
Valmondois à 17 km au nord-est de Cergy-Pontoise et à 40 km au nord de Paris par les A 15, D 915 et D 27
Coordonnées UTM :
31 U 441681-5437992

P PARKING
gare

DÉNIVELÉE
altitude mini et maxi, dénivelée cumulée à la montée

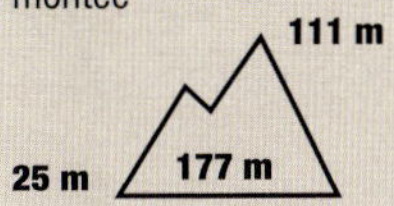

B BALISAGE **A7**
jaune

À DÉCOUVRIR...

> En chemin :
- Valmondois : villa Daumier, sentier du Patrimoine, les bords du Sausseron, moulin de la Naze
- Parmain : église XIIe, polissoir

> Dans la région :
- Butry-sur-Oise : musée des Tramways à vapeur et des Chemins de fer secondaires
- Nesle-la-Vallée : église restaurée par Viollet-le-Duc, lavoirs
- L'Isle-Adam : musées, château des princes de Conti

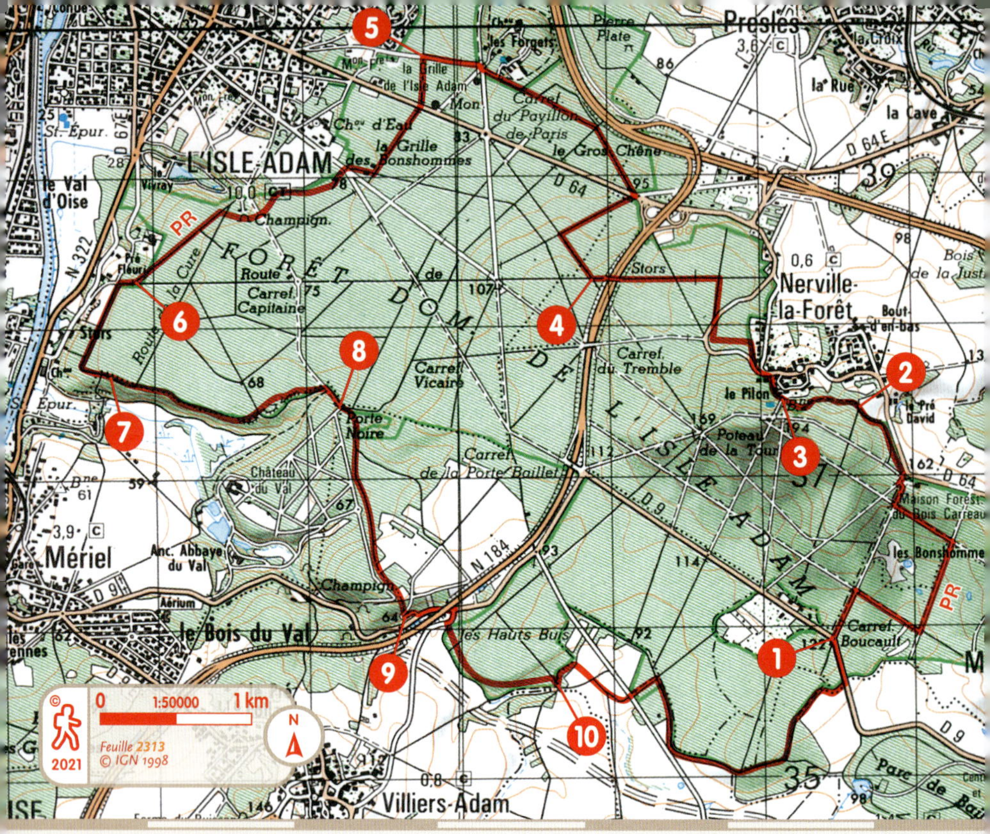

HISTOIRE

UNE FORÊT ROYALE

S'étendant sur 1 000 ha, la forêt de L'Isle-Adam est peuplée majoritairement de chênes, de hêtres et de châtaigniers. On y trouve, comme dans beaucoup de forêts d'Île-de-France, chevreuils, sangliers, blaireaux, lapins, pigeons ramiers… On peut noter que la forêt n'a ni étang ni cours d'eau. Des traces de vie humaine datant de 4 000 ans ont été relevées lors des fouilles menées en 1926 sur le site du mégalithe de la Pierre plate. Philippe Le Bel venait chasser dans cette forêt lorsqu'il résidait à Maubuisson, puis des joutes y furent organisées sous François 1er. Ce dernier la donna en 1526 à son ami Anne de Montmorency. Cette forêt devint ensuite propriété des Condé, puis des Conti, avant de devenir bien public à la Révolution, et enfin forêt domaniale.

TABLE DE CASSAN / PHOTO COMITÉ 95

La **forêt** de **L'Isle-Adam**

4h50
19,5km

L'itinéraire conduit en sous-bois et présente les différents aspects de la forêt de L'Isle-Adam, héritage des chasses des princes de Conti.

1 Du carrefour Boucault, suivre la route du même nom, puis descendre à droite par une voie empierrée. En bas, tourner à gauche et, après 600 m, prendre à gauche la route des Deux-Châteaux. Au carrefour, tourner à droite, dépasser la fontaine des Grandmontains, puis traverser le parking de la Maison forestière du Bois Carreau. Suivre à gauche le chemin le long d'un saut-de-loup (fossé) et parallèle à la D 64.

2 Par un chemin vallonné, longer à gauche une propriété privée (GR® 1).

3 Continuer en sous-bois en contournant Nerville-la-Forêt. Traverser la D 64, passer le panneau de sortie de village et prendre un chemin à droite sur 300 m. Tourner à nouveau à droite. Retraverser la D 64 et filer tout droit [👁 > parc à grumes] jusqu'à la route de Stors ; la suivre à gauche et passer au-dessus de la D 184.

4 À 150 m, aller à droite, route des Pavillons, puis à droite, route Boby. Traverser la D 64 au passage piéton et suivre l'allée forestière des Louveteaux.

5 400 m après le château des Forgets, s'avancer à gauche par la route du Lary qui franchit la D 64. Prendre en oblique à droite le chemin conduisant à la grille des Bonshommes. Suivre alors à gauche un sentier en lisière de forêt qui coupe la route Capitaine et contourne les champignonnières. Suivre le dernier chemin à gauche.

6 Au carrefour, emprunter le GR® 1 à droite sur 100 m et repartir à gauche en lisière. Le chemin vire à gauche et retrouve le GR® 1.

7 Continuer tout droit en corniche des carrières jusqu'à retrouver la route Capitaine ; la suivre à droite jusqu'à la Porte Noire.

8 Suivre un chemin sinueux légèrement à droite. Il longe en montant le mur du parc de l'abbaye du Val. À l'angle sud du mur, continuer tout droit vers une petite route en lacets.

9 Descendre (GR® 1d) et passer sous le pont de la D 184. Prendre la route de Villiers-Adam sur 50 m, puis le chemin à gauche, et encore à gauche, à travers bois.

10 À la sortie du bois, suivre la lisière à gauche sur 100 m, puis traverser la plaine sur 300 m. Bifurquer à gauche, couper une petite route et suivre un chemin forestier sur 200 m. Prendre à droite la route tournante du Saut-du-Loup de Chauvry en bordure de la forêt domaniale. À un grillage de parcelles en régénération, tourner à droite pour déboucher sur un chemin agricole, puis sur la D 10. Par cette route à gauche, retrouver le carrefour Boucault.

S SITUATION
carrefour Boucault, sur la D 10, à 3 km au nord-ouest de Baillet-en-France
Coordonnées UTM :
31 T 447430-5435910

P PARKING
carrefour Boucault

T TRANSPORT
gare du Nord ligne H direction Valmondois puis Persan-Beaumont gare de Parmain - L'Isle-Adam

DÉNIVELÉE
altitude mini et maxi, dénivelée cumulée à la montée

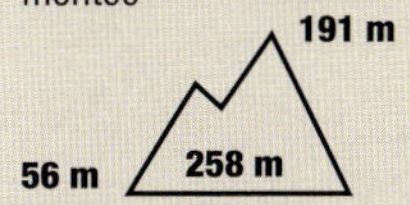

B BALISAGE **IA1**
jaune

À DÉCOUVRIR...

> En chemin :
- fontaine des Grandmontains
- saut-de-loup (fossé)
- abbaye Notre-Dame du Val XIIe

> Dans la région :
- L'Isle-Adam : ville touristique et pavillon chinois
- Baillet-en-France : église XVIe
- marais de Stors

ÉCONOMIE

BÉTHEMONT-LA-FORÊT

Petit village situé à la lisière nord de la forêt de Montmorency, son nom viendrait de l'anthroponyme germanique *Betto* et du latin *mons*, montagne. Bien qu'il y ait des traces de fabriques d'outils en grès datant de l'âge de pierre, et des références dans des registres du XIIe siècle, à ce jour, rien ne permet de connaître son évolution jusqu'au XVIIIe siècle, époque où le prince de Conti, seigneur de L'Isle-Adam, possédait des terres. En l'absence du train, la vie économique locale reposait sur l'agriculture et l'exploitation du bois. Voir la ferme de Montanglau d'origine féodale. La légende locale raconte que des souterrains reliaient le village à l'abbaye du Val.

CHAMP DE BLÉ APRÈS LA MOISSON / PHOTO COMITÉ 95

Circuit autour de **Villiers-Adam**

Entre bois et champs, les chemins conduisent à la réflexion et poussent à admirer cet environnement naturel.

VILLIERS-ADAM / PHOTO COMITÉ 95

1 Quitter la rue du Pot-d'Étain (parking de la mairie) en montant et prendre la rue Carnot à gauche. Descendre à droite le sentier de L'Isle-Adam et la ruelle de L'Isle-Adam.

2 À la sortie de la ruelle de l'Isle-Adam, traverser deux rues et suivre tout droit le chemin du Bord'Haut. Traverser la rue du bas des côtes et poursuivre à travers champs.

3 Traverser la D 44 et entrer dans un bois. Tourner à gauche, le sentier longe le ru de Montubois et poursuivre à travers champs. Prendre à gauche à la fin des champs et suivre le chemin des lisières. Bifurquer à droite, aller tout droit au premier croisement, puis à droite au carrefour du sentier de Morencay. Continuer à travers champs, franchir la passerelle du Ruisseau du lavoir et entrer dans Béthemont par la ruelle du Pressoir. Bifurquer à droite dans la rue de la Vieille-France.

4 Tourner à gauche dans la rue de la Croix-Frileuse puis fortement à droite sur le chemin de la Pierre aux loups, entrer dans le bois. Traverser le bois, au cimetière, tourner à gauche et suivre la route sur 100 m, puis prendre le deuxième chemin à droite. Entrer dans le bois et suivre le sentier.

5 Traverser la D 44 en utilisant le passage piéton à gauche et poursuivre tout droit [👁 > calvaire de Béthemont]. Tourner à droite au premier chemin. Poursuivre à travers champs puis tourner à gauche au premier chemin (quitter le GR® 1). Traverser la route et prendre le premier sentier à gauche (20 m) chemin du bord'haut, tourner à gauche dans la rue Henry-Crépin puis tourner à droite dans la rue Jean-Baptiste-Lechauguette , retour au parking de départ.

28

2h30
9,8km

S SITUATION
Villiers-Adam, à 20 km au nord de Paris et 15 km à l'est de Pontoise par les A 15 et A 104
Coordonnées UTM :
31 U 0444087-5434990

P PARKING
mairie (rue du Pot-d'Étain)

/ DÉNIVELÉE
altitude mini et maxi, dénivelée cumulée à la montée

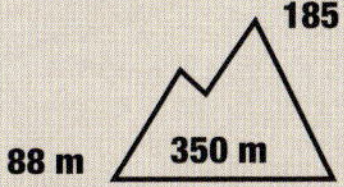

B BALISAGE **IA5**
jaune

À DÉCOUVRIR...

> En chemin :
- Villiers-Adam : église XIIIe
- Béthemont : anciens châtaigniers (400 ans), chemin des lisières : le tour de la forêt de Montmorency

> Dans la région :
- Auvers-sur-Oise et l'Isle-Adam : villes touristiques
- Mériel : marais de Stors

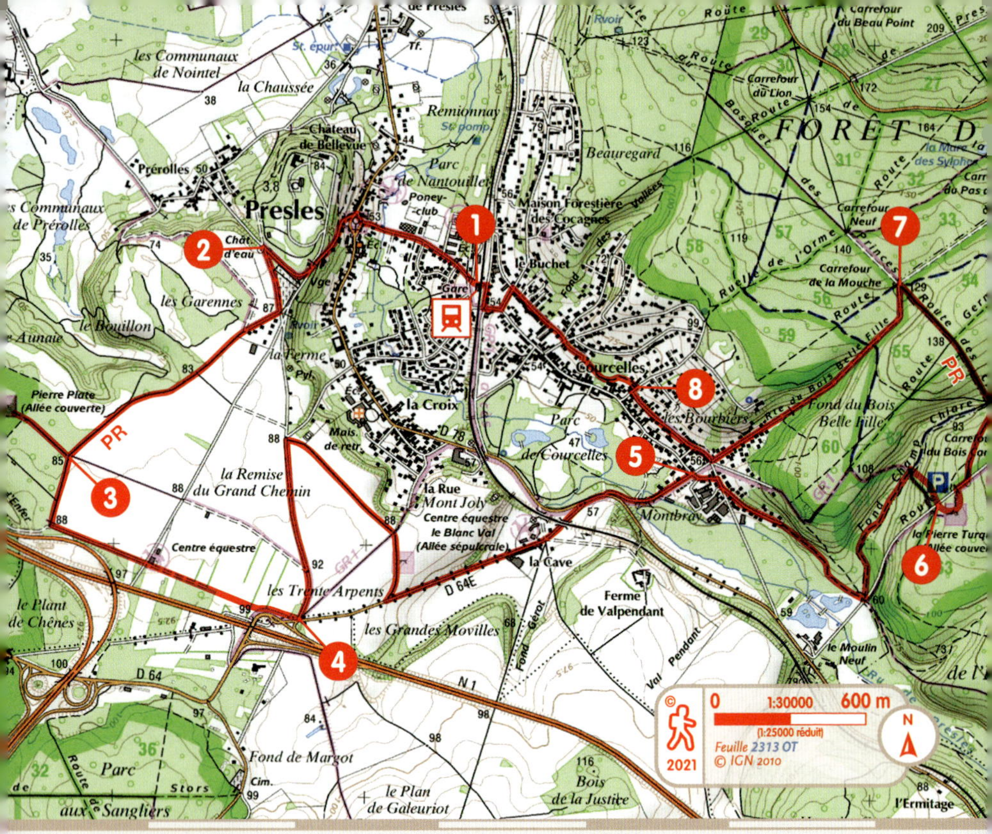

HISTOIRE

La Pierre Turquaise

La Pierre Turquaise (ou turquoise) est le seul mégalithe du Val d'Oise composé entièrement en grès. Son nom évoque peut-être sa couleur verte, mais plus vraisemblablement les Turcs. En effet, ce type de sépulture porte souvent le nom des ennemis de la France médiévale. Son entrée trilithe, formée de deux piliers supportant un linteau, la distingue des autres monuments, qui présentent un bloc perforé. Elle fut classée monument historique en 1869, grâce à Alexandre Hahn, archéologue, afin qu'elle ne soit pas débitée en pavés pour recouvrir les rues du Paris. Détruite à l'explosif en 1985, elle a fait l'objet d'une reconstruction partielle. Sur le pilier gauche, un bas-relief représente la féminité, montrant deux mamelles et deux colliers, figure fréquente sur ce genre d'architecture funéraire à la fin du Néolithique.

PIERRE TURQUAISE / PHOTO COMITÉ 95

Les trois **dolmens**

3 h
12,5 km

L'itinéraire conduit sur les traces de nos lointains ancêtres, petit voyage vers le Néolithique.

1 De la place, partir à droite, rue de la République. À l'église, prendre à gauche, puis monter à droite les quelques marches pour accéder au parvis. Le traverser ainsi que la rue Pierre-Brossolette. Gravir l'escalier de pierres, puis à gauche la rue A.-Bault jusqu'au parking de la médiathèque. Contourner le cimetière à droite par le chemin de Prérolles.

2 Au château d'eau, se diriger à gauche sur le chemin des Jardins. Au croisement, tourner à droite, puis longer à gauche la clôture du golf jusqu'à l'orée du bois.

3 Prendre à droite jusqu'au dolmen de la Pierre plate et revenir au chemin.

3 Suivre la lisière à droite, puis tourner à gauche. Filer tout droit, dépasser un centre équestre et continuer jusqu'à un tronçon de route abandonnée. Gagner la D 64e et la suivre à gauche sur 100 m jusqu'au carrefour.

4 Prendre à gauche la route de Pontoise sur 500 m, puis à droite un chemin herbeux jusqu'au dolmen de Blanc Val. Poursuivre puis descendre à gauche par la D 64e. Passer sous le pont du chemin de fer, traverser la D 78 et la suivre à droite (GR® 1). Bifurquer à gauche et dépasser les ruines d'un ancien moulin, puis le ru.

5 Quitter le GR® 1 par la droite, monter et suivre la rue de Bourgogne. Au carrefour des Étangs, emprunter par l'allée forestière [👁 > fond Champ Chiare] à gauche de la route jusqu'à retrouver le GR® 1 ; à droite, gagner le dolmen de la Pierre turquaise.

6 Continuer par le GR® 1 sur 200 m, franchir une barrière à droite, puis monter par la route jusqu'au carrefour du Bois Carreau. Descendre à gauche (route des Champs Blancs), couper le GR® 1 et remonter au carrefour de la Mouche.

7 Descendre dans le vallon à gauche par la route de Bois-Belle-Fille et entrer dans Courcelles. Prendre à droite la rue H.-Douai, puis à droite sur 100 m la rue des Éclaireurs-Partisans.

8 Suivre à gauche la ruelle Tortue (sente des jardins), continuer en face, rue de Verdun, à gauche, rue des Cocagnes, puis à droite, rue A.-Prachais. Après le passage à niveau, regagner à droite le départ.

S SITUATION
Presles, à 26 km au nord de Paris par les N 1 et D 78
Coordonnées UTM :
31 T 448010-5440340

P PARKING
gare, place du G.-Leclerc

T TRANSPORT
gare du Nord ligne H direction Persan-Beaumont, gare de Presles-Courcelles

/ DÉNIVELÉE
altitude mini et maxi, dénivelée cumulée à la montée

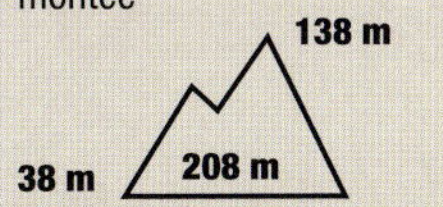

B BALISAGE **IA6**
jaune

À DÉCOUVRIR...

> En chemin :
- église de Presles
- les trois dolmens : Pierre plate, Blanc Val, Pierre Turquaise
- allée pavée du Bois Belle fille

> Dans la région :
- forêt de L'Isle-Adam
- L'Isle-Adam : Pavillon chinois (folie XVIIIe dans le parc de Cassan), musée Senlec

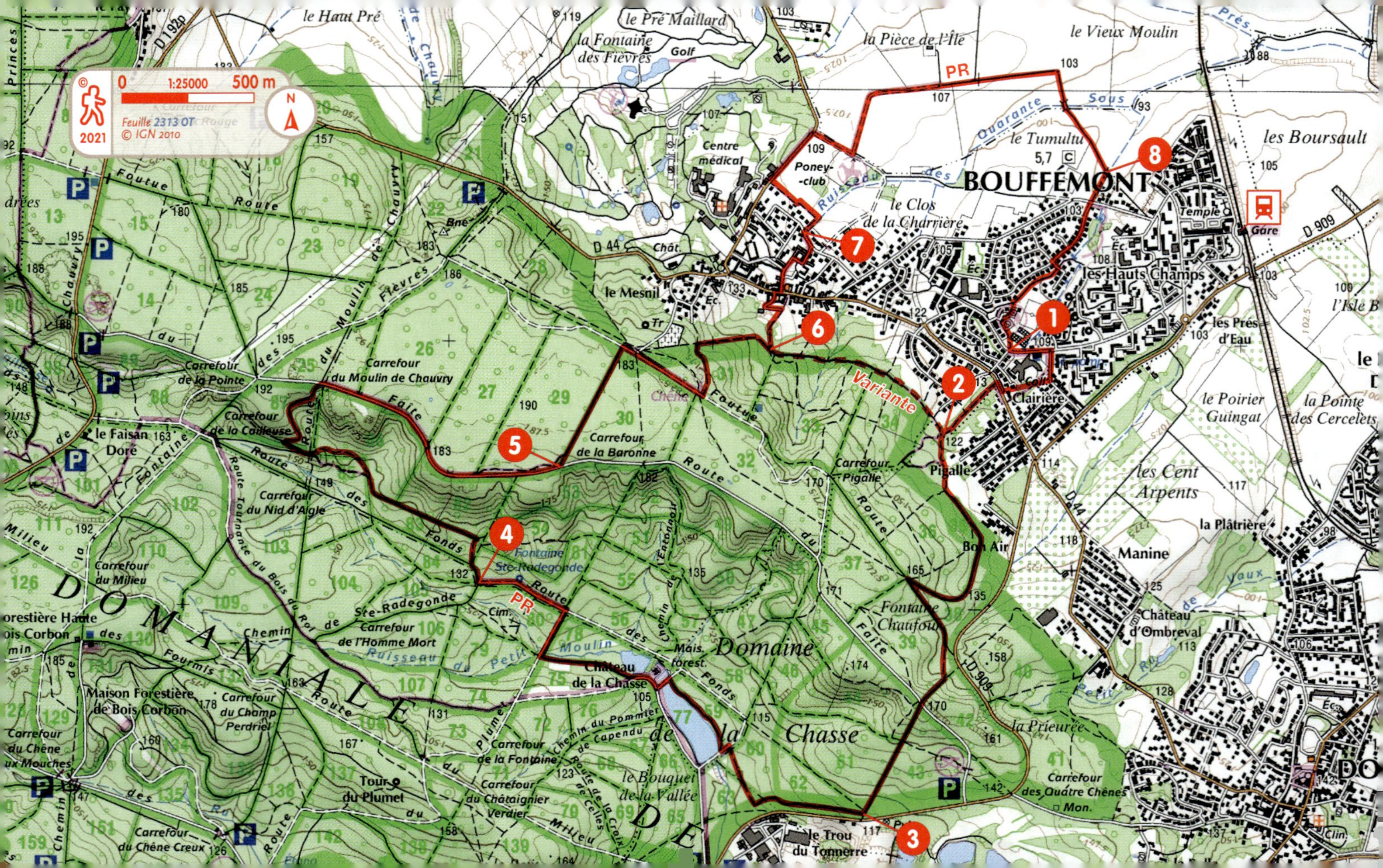

2021
0
1:25000
500 m
Feuille 2313 OT
© IGN 2010
N
BOUFFÉMONT
1
2
3
4
5
6
7
8
PR
Variante
Gare
Temple
les Hauts Champs
le Tumultu
le Clos de la Charrière
Poney-club
Centre médical
le Mesnil
Clairière
Pigalle
Bon Air
Manine
Château d'Ombreval
la Plâtrière
les Cent Arpents
le Poirier Guingat
la Pointe des Cercelets
les Prés d'Eau
les Boursault
le Vieux Moulin
la Pièce de l'Île
le Pré Maillard
la Fontaine des Fièvres
Golf
le Haut Pré
Carrefour Pigalle
Carrefour de la Baronne
Carrefour du Moulin de Chauvry
Carrefour de la Pointe
Carrefour de la Cailleuse
Carrefour du Nid d'Aigle
Carrefour du Milieu
Carrefour de l'Homme Mort
Carrefour du Champ Perdriel
Carrefour de la Fontaine
Carrefour du Châtaignier Verdier
Carrefour du Chêne Creux
Carrefour des Quatre Chênes
Fontaine Ste-Radegonde
Fontaine Chaufour
Château de la Chasse
Maison Forestière de Bois Corbon
Tour du Plumet
le Bouquet de la Vallée
le Faisan Doré
le Trou du Tonnerre
la Prieurée
DOMANIALE
Domaine de la Chasse
D 44
D 909

Circuit de **Bouffémont**

30

3h30
13,5km

Cet itinéraire part à la découverte de la forêt de Montmorency, de l'histoire des seigneurs de Montmorency, du pèlerinage à Sainte-Radegonde et du botaniste Louis-Augustin Bosc.

1 Du parking, prendre à gauche, rue J.-B.-Clément, à droite, rue de la Clairière, puis emprunter la sente derrière le collège. Traverser la D 44 et entrer dans la forêt. Aller tout droit sur 200 m. À la bifurcation, prendre un peu à droite.

2 Monter à gauche en laissant plusieurs voies à droite. Au carrefour S.-Montcharmont, tourner à gauche (balise 38/39), puis obliquer à droite avant la D 909 pour grimper à la route du Faîte. En face, descendre par la route forestière des Fossés d'Allu.

3 Un chemin à droite longe la D 909 sur 450 m, puis s'oriente à droite pour rejoindre l'étang du château de la Chasse. Suivre la rive droite. Au bout, tourner à gauche [> vue sur le château de la Chasse], puis à droite sur 100 m [> circuit Ceinture Verte]. Bifurquer sur l'allée de droite, tourner à droite, puis à gauche au carrefour sur la route des Fonds [> fontaine].

4 Au croisement suivant, monter à droite (balise 83) sur 50 m, puis tourner à gauche. Obliquer à droite, aller en face sur 30 m, puis par une montée en lacets, gagner le carrefour du Moulin-de-Chauvry. Suivre à droite la route du Faîte jusqu'à la parcelle 29/30.

5 Prendre le chemin à gauche, puis la Foutue Route à droite sur 350 m. Tourner à gauche sur le deuxième chemin (balise 31), puis descendre à droite jusqu'à une fourche.

> Variante : possibilité de raccourcir le circuit en prenant le chemin en face jusqu'au point 2, puis à gauche.

6 Sortir du bois à gauche. À la D 44, passer devant la mairie à gauche, aller de suite à droite en longeant le square. Tourner à droite, puis à gauche pour rejoindre la rue Jules-Ferry ; la suivre à gauche.

7 Une sente à droite passe à l'arrière des maisons et atteint une route ; l'emprunter à droite. Dans le virage, s'engager à droite, puis à gauche. Rester sur la piste principale, franchir le ruisseau des Quarante Sous.

8 Juste avant le Petit Rosne, tourner à droite. Prendre la rue à gauche sur quelques mètres, puis à droite (ru) jusqu'à une barrière en bois. Par la sente en bordure de maisons, rejoindre les tennis, puis le gymnase.

S SITUATION
Bouffémont, à 29 km au nord de Paris par les N 1 et D 909
Coordonnées UTM :
31 T 449640-5432260

P PARKING
gymnase, rue J.B.-Clément

T TRANSPORT
gare du Nord ligne H direction Luzarches ou Persan-Beaumont, gare de Bouffémont-Moisselles (à 1,2 km du gymnase)

/ DÉNIVELÉE
altitude mini et maxi, dénivelée cumulée à la montée

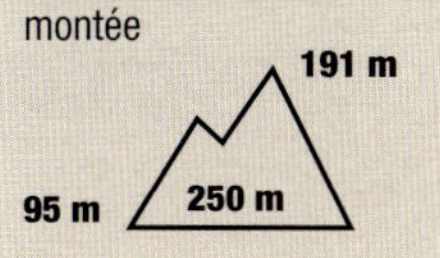

B BALISAGE **IA4**
jaune

À DÉCOUVRIR...

> En chemin :
- forêt de Montmorency
- château de la Chasse
- cimetière Bosc
- fontaine Sainte-Radegonde

> Dans la région :
- Écouen : château XVIe (musée de la Renaissance), église Saint-Acceul XVIe, forêt
- circuit pour personnes à mobilité réduite au départ du cimetière de Bouffémont

TRADITIONS

La fontaine Sainte-Radegonde

Sainte Radegonde, épouse de Clotaire 1er, est née près de Thuringe vers 520 et morte à Poitiers le 13 août 587. Révoltée par les crimes qui souillaient la famille royale, elle quitta la cour et fonda le monastère de Sainte-Croix à Poitiers. La fontaine Sainte-Radegonde porte ce nom depuis très longtemps, par association avec le prieuré sis à proximité. Ce prieuré, dont le nom exact était Notre-Dame de Bois-Saint-Père (ou Saint-Pierre), dépendait de l'abbaye Saint-Victor de Paris. Il était plus connu sous le nom de Sainte-Radegonde. L'antériorité de la fontaine par rapport au prieuré n'est pas prouvée. Sa dédicace à sainte Radegonde, qui n'est jamais venue en ce lieu, semble correspondre à une dévotion particulière pour cette sainte remontant au XVe siècle au moins, et aux vertus bénéfiques de la source. Ainsi, au XVe siècle, chaque lundi de Pâques, une procession impressionnante de pèlerins et de nombreux malades (souffrant de maladies de peau, en particulier, et de stérilité) venaient à cette source pour faire des offrandes et prier pour leur guérison.

FONTAINE SAINTE-RADEGONDE / DESSIN J.B.

HISTOIRE

Bosc, un savant révolutionnaire

Savant naturaliste et botaniste, Louis-Augustin Bosc (1759 - 1828) découvrit un grand nombre d'espèces végétales et animales. Également homme politique admirateur et protégé de Madame Roland, il fut totalement impliqué dans le processus révolutionnaire, mais hostile à la Terreur. Il est emprisonné et échappe plusieurs fois à la guillotine ; sa carrière politique s'achève avec sa destitution au lendemain des 100 jours, alors qu'il était secrétaire de Lazare Carnot, ministre de l'Intérieur de Napoléon. Le 14 septembre 1793, démis de toutes ses fonctions le matin même, il se réfugie au prieuré Sainte-Radegonde. Pendant plusieurs années, chaque fois que sa tête est menacée, L.-A. Bosc séjourne tantôt à Sainte-Radegonde, tantôt en Bordelais. Rétabli dans ses fonctions, il se consacre exclusivement à ses recherches scientifiques, qui sont synthétisées dans son monumental Dictionnaire de l'Agriculture. Il meurt en juillet 1828 à Paris ; sa volonté était de reposer à Sainte-Radegonde aux côtés de sa fille Zoé décédée en 1801.

CHÂTEAU DE LA CHASSE / PHOTO COMITÉ 95

HISTOIRE

LE CHÂTEAU DE LA CHASSE

Le château de la Chasse aurait été édifié au XIIe siècle par le connétable Mathieu de Montmorency, membre d'une famille puissante descendante de Hugues Capet qui donna son nom à la forêt. Cette forteresse servit de garnison au cours de la guerre de Cent Ans et fut prise d'assaut par trois cents Anglais. Un siècle plus tard, François 1er vint chasser en forêt de Montmorency ; mais à cette époque était construit le château d'Écouen, domaine plus luxueux, et l'ancien rendez-vous de chasse tomba dans l'oubli.

Le château échut par la suite aux Condé ; en 1728, les tours furent tronquées en biais et recouvertes de tuiles. En 1900, le château n'était plus qu'une simple ferme en piteux état.

Le domaine de la Chasse fut acquis par l'État en 1973 pour être ouvert au public. Le château, classé monument historique, a été restauré à partir de 1980. Aujourd'hui il accueille les groupes scolaires qui découvrent dans la forêt environnante l'écologie, la sylviculture et le travail forestier.

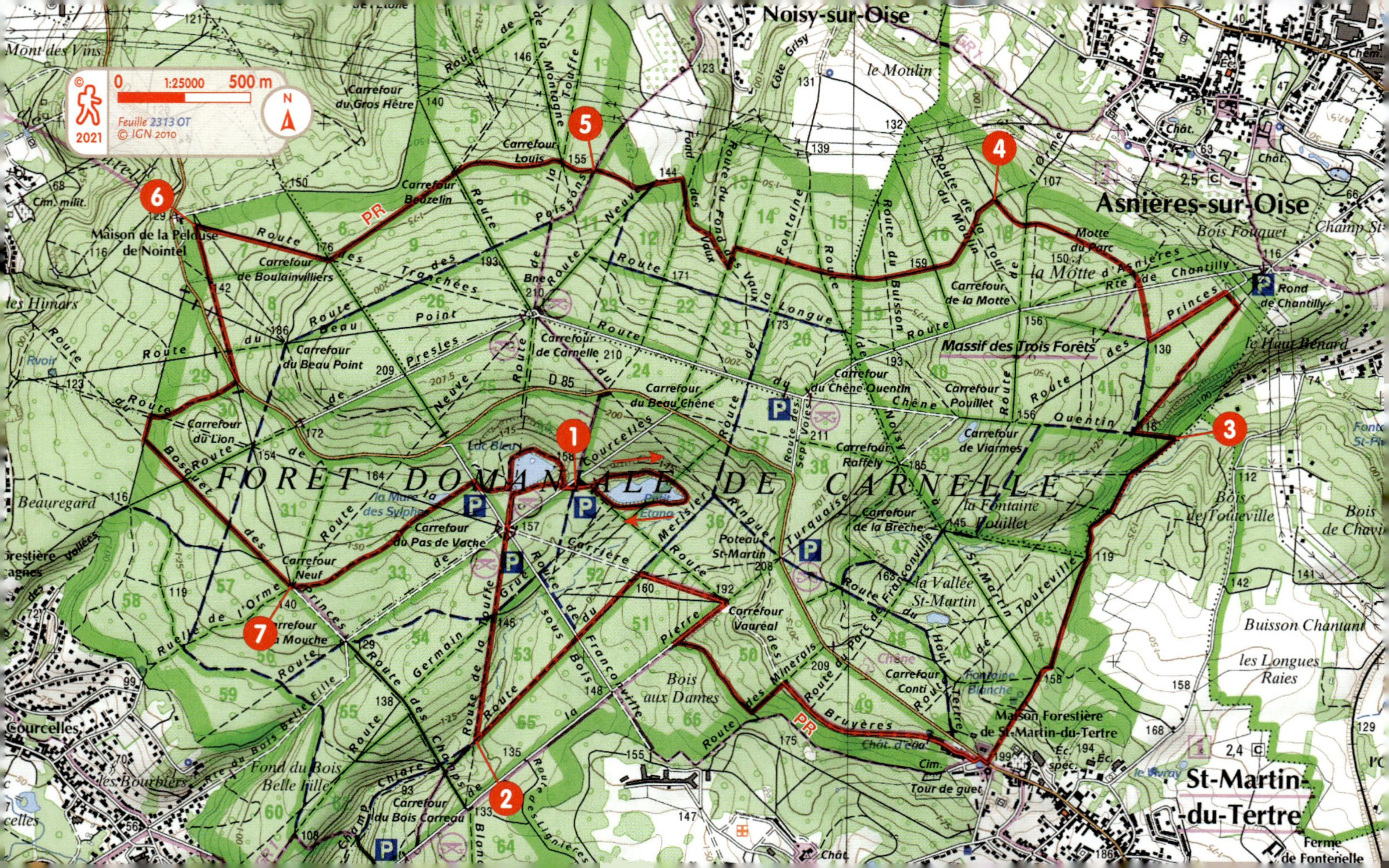
0 1:25000 500 m
Feuille 2313 OT
© IGN 2010
© 2021
FORÊT DOMANIALE DE CARNELLE
Massif des Trois Forêts
Noisy-sur-Oise
Asnières-sur-Oise
St-Martin-du-Tertre
Maison de la Pelouse de Nointel
Maison Forestière de St-Martin-du-Tertre
Lac Bleu
Carrefour du Gros Hêtre
Carrefour Louis
Carrefour Beuzelin
Carrefour de Boulainvilliers
Carrefour du Beau Point
Carrefour de Carnelle
Carrefour du Beau Chêne
Carrefour du Chêne Quentin
Carrefour Pouillet
Carrefour de Viarmes
Carrefour Raffely
Carrefour de la Motte
Carrefour du Lion
Carrefour du Pas de Vache
Carrefour Neuf
Carrefour de la Mouche
Carrefour de la Brèche
Carrefour Vauréal
Carrefour Conti
Carrefour du Bois Carreau
Poteau St-Martin
Rond de Chantilly
la Motte d'Asnières
la Fontaine Pouillet
la Vallée St-Martin
Bois aux Dames
Bois de Touteville
Buisson Chantant
les Longues Raies
Beauregard
Courcelles
Fond du Bois Belle Fille
Tour de guet
PR

La **forêt** de **Carnelle**

4h15
16,5km

Une forêt riche d'histoire où l'on imagine les druides cueillant le gui, ou encore saint Louis s'y promenant avec Blanche de Castille.

GUI / DESSIN P.R.

1 Entre les deux lacs, suivre la rive gauche du lac Bleu et gagner à gauche le carrefour du Pas de Vache. Suivre la route de la Touffe et descendre dans un vallon.

2 Quitter le GR® 1 en empruntant à gauche la route du Merisier sur 900 m. Monter à droite au carrefour Vauréal par la route de la carrière, tourner à droite, puis à gauche. Avant le mur du parc du château de Franconville, se diriger à gauche, puis à droite sur la route forestière des Bruyères. Passer près d'un château d'eau, puis arriver à la maison forestière de Saint-Martin-du-Tertre. Traverser la D 85, prendre le chemin descendant dans le vallon de la forêt sur 1,5 km.

3 À un carrefour, tourner à gauche, puis à droite. En haut, avant le Rond de Chantilly, se diriger à gauche, puis suivre la route des Princes à gauche. Obliquer à droite, puis à 150 m encore à droite. Traverser une route et, 20 m plus loin, à un carrefour forestier, prendre le deuxième chemin sur la gauche. Croiser la route de l'Orme et continuer sur 200 m.

4 S'engager franchement à gauche dans un chemin en courbe. Couper plusieurs chemins, puis descendre en faisant un gauche-droite dans la vallée du Fond des Vaux. Remonter en évitant un chemin qui part sur la droite. Tourner à gauche pour longer sur plusieurs mètres une lisière, puis suivre le chemin de droite.

5 Couper le GR® 1. Dépasser le carrefour Louis, en continuant sur la route Parade. Traverser le carrefour Beuzelin puis, au carrefour de Boulainvilliers, prendre le deuxième chemin à droite (route des Tranchées). Arriver à la maison forestière.

6 Emprunter à gauche la route de la Louveterie. Suivre la D 85 sur 100 m et descendre par le premier chemin à droite. Tourner à droite, puis à gauche et de nouveau à gauche sur la route du Bosquet-des-Princes jusqu'au carrefour Neuf.

7 Prendre à gauche le quatrième chemin dit route des Dames. Longer une mare et traverser en crochet droite-gauche pour arriver au lac Bleu. Longer la rive par la gauche, traverser la route, aller à gauche pour faire le tour du Petit Étang et revenir au départ.

S SITUATION
forêt de Carnelle, à 30 km, au nord de Paris par les N 1, D 909 et D 85
Coordonnées UTM : 31 T 450560-5440940

P PARKING
parking du Lac Bleu, 500 m au sud de la D 85

T TRANSPORT
gare du Nord ligne H direction Persan-Beaumont, gare de Presles-Courcelles (à 2 km du point 7 de l'itinéraire)

DÉNIVELÉE
altitude mini et maxi, dénivelée cumulée à la montée

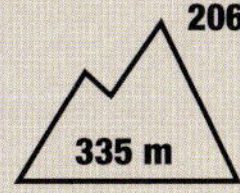

B BALISAGE **L1**
jaune

À DÉCOUVRIR...

> En chemin :
- lac Bleu, Petit étang

> Dans la région :
- dans la forêt : Pierre Turquaise
- Presles : Pierre plate (dolmen allée couverte), Blanc Val (allée couverte), église renaissance, stalles Louis XIV
- Saint-Martin-du-Tertre : tour du guet, château de Franconville
- Noisy-sur-Oise : église classée XIIIe
- Asnières-sur-Oise : abbaye de Royaumont

HISTOIRE

CARNELLE, UNE HISTOIRE DE PIERRE

L'origine du nom « Carnelle » est attribuée au mot celtique « carn », la pierre. Dès la Préhistoire, des hommes investissent les bords de l'Oise, au pied d'une colline, que dominait cette immense forêt. Cette butte s'étend aujourd'hui sur 975 hectares et culmine à 210 mètres d'altitude. La forêt abrite toujours les traces de son passé néolithique puis celtique, comme en témoigne la présence de la "Pierre Turquaise", une allée couverte datant du Néolithique qui servit aussi de chenil pour les chiens de chasse à courre du prince de Conti, ou bien « la Motte », tumulus situé à quelques centaines de mètres du village de Courcelles où l'on retrouve les traces d'une motte féodale, occupée par les Bellovaques au premier siècle de notre ère, puis investie par les Romains. La forêt fut abandonnée au profit des villages situés à sa lisière, Asnières-sur-Oise, Saint-Martin-du-Tertre, et devint propriété des seigneurs de L'Isle-Adam au XVIIIe siècle. La raideur de ses pentes et la diversité de leur exposition font qu'elle offre des paysages végétaux très divers : des chênes pubescents et des zones à myrtilles au sommet, des hêtres, des pins, des zones humides et des tourbières.

Au XIXe siècle, le sous-sol de la forêt est exploité pour son gypse ou pierre à plâtre, ses marnes, utiles à l'agriculture, et ses pierres meulières. Dans ces anciennes carrières, deux étangs artificiels se nichent presque au sommet de la butte : le lac Bleu, lieu privilégié des pêcheurs, et le Petit Étang. D'une superficie de 2 et 1,3 hectares, de 20 à 30 mètres de profondeur, ils sont alimentés par des sources.

PARC DE TOURTEVILLE / PHOTO COMITÉ 95

PATRIMOINE

MUSÉE D'HISTOIRE LOCALE DE VIARMES

Les plus anciens retrouveront des images de leur enfance, tandis que les plus jeunes découvriront un autre temps. Le musée est installé au second étage de l'hôtel de ville, dans le château construit en 1758 par Camus de Pontcarré, seigneur de Viarmes, situé place Pierre-Salvi.
Un voyage dans les années 1900 à 1950 : l'intérieur d'une famille viarmoise, la salle de classe, le salon de coiffure, le comptoir d'un café, ainsi que des métiers d'autrefois comme le filage, le cardage, etc. Visite gratuite (audioguides et projection de films). Info : 01 34 68 03 76, officetourisme-viarmes@orange.fr. Groupe sur rendez-vous.

AU COMPTOIR DU BOUCHER / PHOTO COMITÉ 95

PATRIMOINE

ABBAYE DE ROYAUMONT : TROIS JARDINS REMARQUABLES

JARDIN POTAGER / PHOTO COMITÉ 95

Fondée en 1228 par Louis IX (le futur saint Louis), l'abbaye abrite dans son vaste parc trois jardins très différents. D'inspiration médiévale, le jardin des neuf carrés est conçu pour accueillir des expositions sur les plantes, leurs usages et les regards que l'on porte sur elles. Le jardin du cloître est un bel exemple de jardin à la française, dans un style librement inspiré des parterres à compartiments de la Renaissance. Dernier né, le jardin potager renoue avec le passé d'une abbaye prestigieuse, autrefois aussi bien conservatoire que lieu d'expérimentation, aujourd'hui lieu d'inspiration pour les artistes, voué au calme ou à la découverte pédagogique. Info : www.royaumont.com

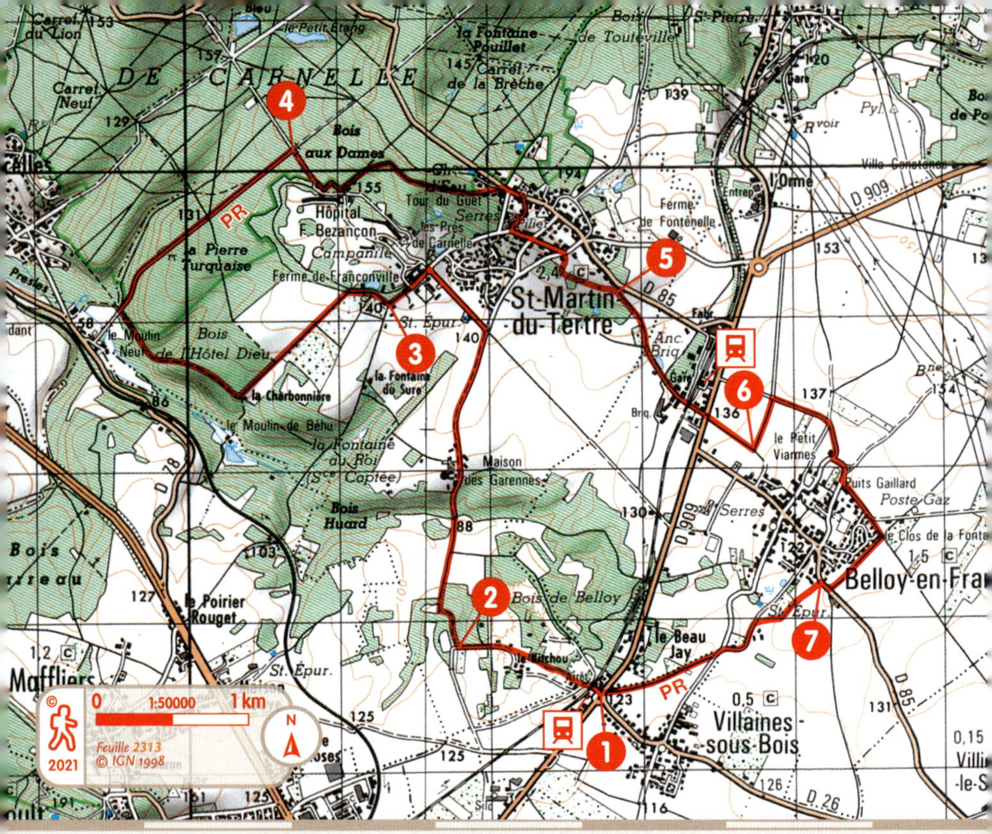

Le télégraphe de Chappe

Le 12 juillet 1793, sur une distance de 26 km – 15 km entre Belleville et Écouen et 11 km entre Écouen et Saint-Martin-du-Tertre –, eut lieu la première transmission de communication terrestre à distance. Le premier réseau de télécommunication était né : six mots étaient parvenus à Saint-Martin en 11 minutes, la réponse fut transmise à Ménilmontant en 9 minutes. Le télégraphe de Chappe fut efficace, il fonctionna jusqu'au milieu du XIXe siècle. Mais il s'agit d'un système optique, qui ne peut fonctionner en cas d'intempéries et qui s'arrête la nuit. Son abandon est due à d'autres perfectionnements techniques et scientifiques : l'électricité, le télégraphe à fil, le téléphone entre autres.

Monument Claude Chappe / photo Comité 95

Circuit de **Belloy – Saint-Martin**

32

4h15
17km

De la gare de Villaines à Belloy-en-France, le sentier chemine dans la forêt de Carnelle et le village de Saint-Martin-du-Tertre où eurent lieu les premiers essais du télégraphe.

1 De Maison Neuve, traverser la D 909, puis le passage à niveau. Prendre à gauche sur 30 m, puis à droite entre le terrain de boules et une maison. Passer à l'arrière d'une ferme, continuer en face sur un chemin, puis un peu à gauche sur la piste de la carrière (**⚠ > prudence !**).

2 Dans le virage, s'engager à droite sur une sente en sous-bois (nord) sur 300 m, puis à gauche sur 100 m. S'avancer ensuite à droite sur un chemin qui passe devant la maison des Garennes. Garder la direction jusqu'à une route. Par l'allée bordée de platanes à gauche, parvenir à l'entrée du château de la Ferme de Franconville. Longer la Ferme à gauche et atteindre un croisement.

3 Tourner à droite, puis à gauche pour rejoindre la maison Charbonnière. Pénétrer dans le bois à droite, descendre dans un vallon et déboucher sur la route de la Pierre-Turquaise ; la suivre à droite [👁 > allée couverte de la Pierre Turquaise] sur 1,5 km.

4 Prendre à droite la route de Franconville-sous-Bois, puis à gauche, la route des Minerais qui s'incurve sur la droite pour arriver à Saint-Martin-du-Tertre. À la tour du Guet, suivre la rue du Lieutenant-Baude. À l'église, emprunter à droite le passage Bellevue, puis à gauche la rue Corentin-Celton, la rue Léopold-Bellan et le chemin des Plâtriers. Passer devant le lavoir et les jardins ouvriers, tourner à gauche et arriver face à un hangar agricole.

5 S'avancer sur le chemin à droite (sud-est) qui conduit à l'ancienne briqueterie. Franchir le passage à niveau, puis la D 309 et continuer en face sur 425 m.

6 Tourner à gauche, puis à droite à 400 m. À la route, aller à droite, puis en face au croisement (rue du Petit-Viarmes). Tourner à gauche, puis à droite sur la route en bordure du lotissement et arriver au Clos de la Fontaine. Longer les pavillons à droite, puis prendre la route à droite sur 40 m.

7 S'engager sur le sentier à gauche qui atteint une rue sur la droite, puis un rond-point à gauche. Partir à gauche, puis bifurquer à droite sur une piste qui ramène au parking.

S SITUATION
Villaines-sous-Bois, à 30 km au nord de Paris par les N 1 et D 909
Coordonnées UTM : 31 T 452680-5436500

P PARKING
la Maison Neuve au hameau du Beau Jay

T TRANSPORT
gare du Nord ligne H direction Luzarches

/ DÉNIVELÉE
altitude mini et maxi, dénivelée cumulée à la montée

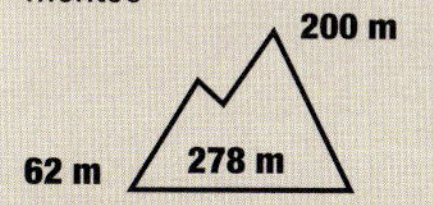

B BALISAGE **PF4**
jaune

À DÉCOUVRIR...

> En chemin :
- panoramas
- château de la Ferme de Franconville
- Pierre Turquaise

> Dans la région :
- Saint-Martin-du-Tertre : château de Franconville (copie du château de Maisons-Laffitte, 1876), obélisque du méridien de Paris XIXᵉ, lavoir
- forêt de Carnelle : Pierre Turquaise
- Belloy-en-France : église Saint-Georges XVIᵉ-XIXᵉ

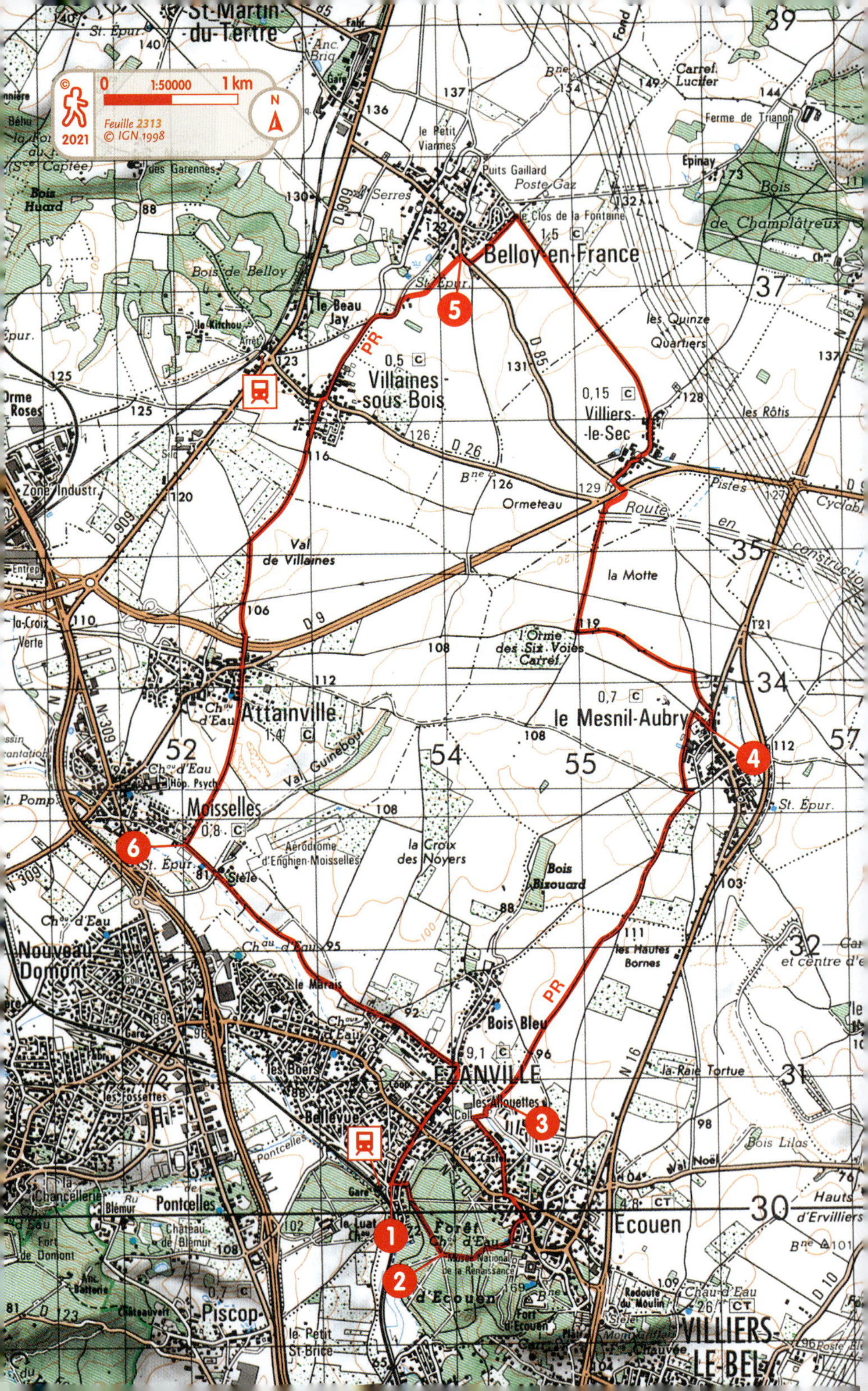
0 1:50000 1 km
N
2021
Feuille 2313
© IGN 1998
St-Martin-du-Tertre
Belloy-en-France
Villaines-sous-Bois
Villiers-le-Sec
le Mesnil-Aubry
Attainville
Moisselles
Nouveau Domont
Ezanville
Ecouen
Piscop
VILLIERS-LE-BEL
Bois de Belloy
Bois de Champlâtreux
Val de Villaines
Aérodrome d'Enghien-Moisselles
Bois Bizouard
Forêt d'Ecouen
Musée National de la Renaissance
PR
1
2
3
4
5
6

Circuit d'**Écouen**

Il était une fois un grand seigneur qui s'appelait Anne de Montmorency ; c'est à lui que l'on doit un des plus purs joyaux de la Renaissance : le château d'Écouen.

1 De la gare, prendre la rue de la Gare, en face, légèrement à droite. Tourner à droite dans l'allée du Bois. À la forêt, suivre le chemin à droite, puis au carrefour aller tout droit jusqu'au sommet de la montée.

2 Au carrefour en étoile, emprunter la deuxième allée à gauche jusqu'à la porte du mur d'enceinte du château d'Écouen [👁 > abritant le musée national de la Renaissance]. Longer alors le mur par la gauche sur 250 m, puis s'engager sur petit sentier à gauche en direction du château d'eau et poursuivre. Descendre à gauche par l'allée des Princes, puis suivre à gauche la rue P.-Morillon. Traverser la rue de la République et obliquer à droite, rue du Connétable. Au bout, aller à droite, chemin du Mesnil, puis en face au rond-point, rue Paul-Cézanne.

3 En haut, prendre en décalage à gauche la rue Matisse (antenne). Parcourir le sentier qui débute du pied de l'antenne sur environ 3 km (sentier GRP®). Déboucher devant le stade du Mesnil-Aubry. Partir à gauche, puis de suite à droite. Passer à l'arrière de bâtiments et déboucher sur une petite route ; la suivre à droite sur quelques mètres.

4 Bifurquer à gauche, puis encore à gauche dans la rue de l'Avenir qui se prolonge par un chemin. Au croisement, s'avancer à gauche, tourner vers les lignes haute tension. Passer sous le pont de la D 104. À la D 9, aller en face, puis à droite dans Villiers-le-Sec. Gagner ainsi l'église par la rue de Paris, continuer par la rue Georges-Pompidou jusqu'à la fourche en bas du village. Par le chemin de gauche, rejoindre les premières maisons de Belloy-en-France. Longer les pavillons à gauche, puis prendre la route à droite sur 40 m.

5 S'engager sur le premier sentier à gauche qui atteint une rue à droite, puis un rond-point à gauche. Par la rue à gauche, traverser Villaines-sous-Bois. À la sortie, continuer en face, puis obliquer un peu sur la gauche. Franchir le pont sur la D 104 et gagner Attainville [👁 > église à droite]. Continuer toujours tout droit jusqu'à Moisselles.

6 Face au stade, prendre à gauche et prolonger en face par un chemin jusqu'à Ézanville. Au carrefour après le cimetière, poursuivre en face. Tourner à droite, avenue du Maréchal-Foch et garder la direction pour revenir à la gare d'Écouen.

33

5h30
21,5km

S SITUATION
Écouen, à 21 km au nord de Paris par la N 16
Coordonnées UTM :
31 T 453490-5430190

P PARKING
gare

T TRANSPORT
gare du Nord ligne H direction Luzarches

/ DÉNIVELÉE
altitude mini et maxi, dénivelée cumulée à la montée

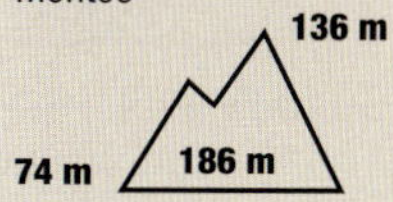

B BALISAGE **PF2**
jaune

À DÉCOUVRIR...

> En chemin :
- Écouen : château XVIe, musée national de la Renaissance
- Belloy-en-France : église Saint-Georges XVIe-XIXe
- Attainville : église Saint-Martin 1570-XVIIe-XIXe
- panoramas

> Dans la région :
- Écouen : église Saint-Acceul XVIe-XVIIIe-XIXe
- Villiers-le-Sec : vestiges (cachés) d'un village gallo-romain

HISTOIRE

Le connétable Anne de Montmorency

Le vieux château médiéval d'Écouen fut détruit en 1538 par l'héritier de l'ancienne lignée : Anne de Montmorency. Ce puissant personnage, fils de Guillaume de Montmorency et né à Chantilly en 1492, dut sa prospérité à François d'Angoulême (futur François Ier). Anne suivit le roi en Italie, obtint le grade de Maréchal de France en 1522, puis la charge de connétable en 1538. La même année, il lançait le chantier d'Écouen qui devait durer 17 ans. Cet homme de guerre redoutable doublé d'un politique avisé, était également un passionné d'art, un bibliophile averti et un mécène éclairé. Son mariage avec Madeleine de Savoie augmenta encore l'étendue de ses richesses. À sa mort, en 1567, il possédait 130 châteaux, dont Chantilly et Fère-en-Tardénois.

Vitrail représentant Anne de Montmorency à l'église d'Écouen / photo Comité 95

TRADITIONS

Écouen fête la Renaissance !

Festival du Connétable / photo Ville d'Écouen

Au cœur historique de ce village francilien, le temps d'un week-end de mai, de nombreux tableaux de la Renaissance sont proposés (défilés costumés, danses, concerts, visites guidées des sites patrimoniaux, marché horticole et artisanal, spectacles ainsi qu'une animalerie).

Le « Festival du Connétable » est un voyage dans le temps où l'on peut croiser les courtisans d'Henri II et pourquoi pas, entamer un branle, une gaillarde ou encore une volte, danses considérées comme un « *Art plaisant et profitable qui rend et conserve la santé, convenable aux jeunes, agréable aux vieux et bienséant à tous pourvu qu'on en use modestement en temps et lieu sans affectation vicieuse* » (T. Arbeau - chanoine, compositeur et écrivain).

PATRIMOINE

Le château d'Écouen

Table d'orientation au château d'Écouen / photo Comité 95

On a dit, en guise de boutade, « Écouen, c'est un château de la Loire à 20 km de Paris ». Construit au XVIe siècle par le connétable de Montmorency, il a toute la majesté des plus somptueuses demeures de nos rois ; il est l'égal de Chenonceaux, de Blois, de Chambord. C'est un des plus beaux fleurons de la Renaissance française, et c'est aussi un merveilleux musée de la Renaissance. Le château d'Écouen présente en effet la particularité de n'avoir subi presque aucune modification architecturale d'ensemble au fil des siècles, en sorte qu'il constitue un témoignage exemplaire du style Renaissance.

Ses nombreuses salles recèlent les plus étonnants trésors de l'époque : des tapisseries (les 75 mètres de la très belle tenture David et Bethsabée), des peintures d'époque, des bronzes, des émaux, des cuirs peints, des pièces d'orfèvrerie, des meubles, des objets en verre soufflé et aussi de très nombreux instruments de mesure : horloges, montres, cadrans solaires, compas, astrolabes. Techniquement admirables, ces objets sont aussi d'incomparables œuvres d'art.

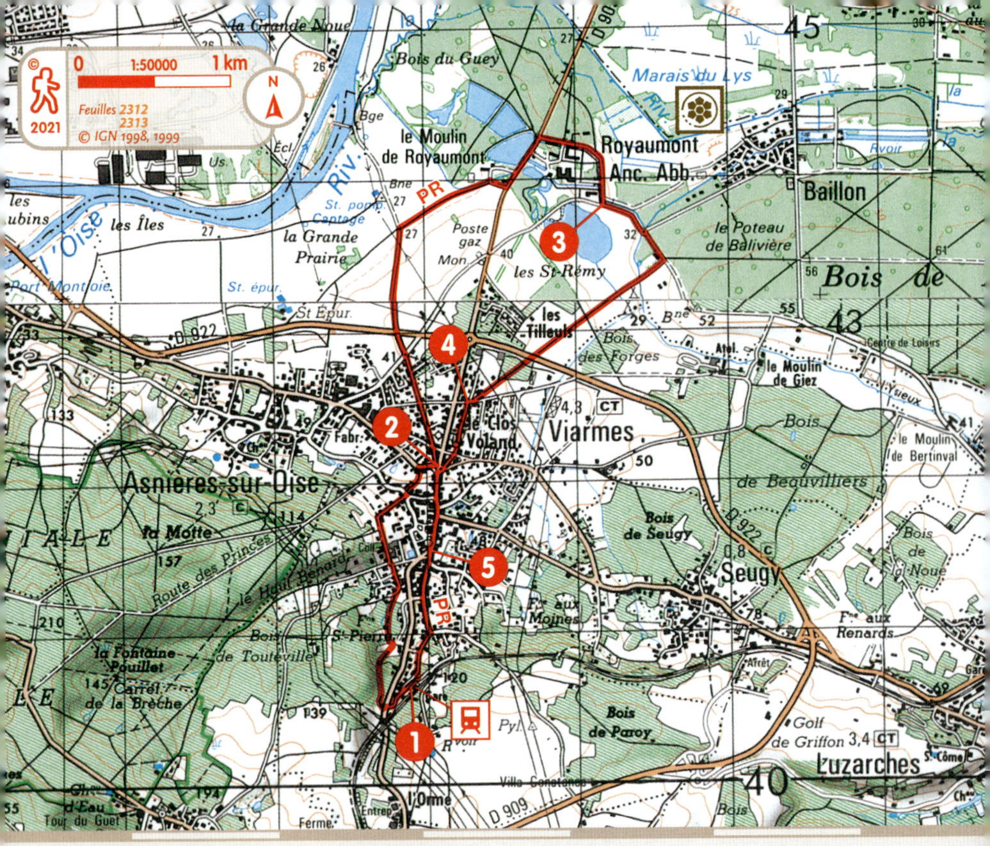

ENVIRONNEMENT

Le marais de Baillon

Marais de Baillon / photo PNROPF

Niché au cœur de la vallée de la Thève et des marais de Royaumont, ce marais communal de 8,3 ha est classé en tant qu'espace naturel sensible départemental (ENSD) depuis 2011. Il est alimenté par des résurgences de nappes phréatiques, générant des mares sur le site, et par la rivière La Thève, le rendant sensible aux pollutions issues, entre autres, de l'agriculture. Réserve de biodiversité, on y trouve 215 espèces végétales dont certaines très rares : la Cardamine impatiens et la zannichellie des marais, deux espèces protégées en Île-de-France. Le site est idéal pour observer des oiseaux rares pour la région, comme la Bondée apivore, le Martin pêcheur d'Europe et le Chevalier culblanc qui, lui, n'est que de passage.

De **Viarmes** à **Royaumont**

34

3 h
9 km

PIGEON RAMIER / DESSIN P.R.

Un itinéraire pour admirer, en la longeant, l'abbaye de Royaumont bâtie par saint Louis au confluent de trois cours d'eau (l'Oise, la Thève et l'Ysieux) et découvrir ses pièces d'eau, ses étangs et la diversité de la faune et de la flore.

1 Quitter la gare par l'avenue Foch à gauche. Traverser la D 909 au rond-point et emprunter la ravine à droite jusqu'à la rue de Verdun. Tourner à gauche par la ruelle Saint-Pierre, puis suivre la ruelle de l'Auge à gauche. Tourner à gauche devant le collège, puis continuer rue de la Fontaine-d'Amour. Un virage à droite conduit à la rue du Gaudron ; la prendre à gauche sur 20 m, puis tourner à droite dans la ruelle du Fréchot. Rejoindre à droite le carrefour Charles-de-Gaulle.

2 Prendre à gauche la rue Champion-Mazille et la rue de Boran. Traverser la D 922 **(⚠ > prudence !)** et poursuivre sur le chemin en face. Au croisement, bifurquer à droite pour longer le moulin de Royaumont. Prendre la D 909 à gauche sur 350 m en passant devant les étangs. Tourner à droite en direction de l'abbaye de Royaumont.

3 Environ 100 m après l'entrée principale, prendre la route à gauche après le pont [👁 > à droite, l'étang du Grand Vivier]. Après avoir franchi un deuxième pont, aller tout droit pour suivre la route en terre qui longe le bois Bonnet. Tourner à droite sur la route des Princes ; la suivre à travers la plaine sur 1 km. Traverser la D 922 en utilisant le passage protégé. S'avancer en face, rue J.-Moulin, en passant devant le centre sportif intercommunal Maspoli.

4 Suivre à gauche la rue Parmentier pour rejoindre le carrefour Charles-de-Gaulle. Traverser Viarmes par la rue de Paris.

5 À l'église, tourner à droite pour admirer sur la place Pierre-Salvi, l'église Saint-Pierre-Saint-Paul et la mairie. Retourner rue de Paris et la traverser pour prendre la rue de la Gare [👁 > fontaine à l'angle, autre fontaine à gauche] ; en haut de la rue, gravir quelques marches pour retrouver la gare de Viarmes.

S SITUATION
Viarmes, à 30 km au nord de Paris par les N 1 et D 909
Coordonnées UTM : 31 T 453900-5440660

P PARKING
gare

T TRANSPORT
gare du Nord ligne H direction Luzarches, gare de Viarmes

DÉNIVELÉE
altitude mini et maxi, dénivelée cumulée à la montée

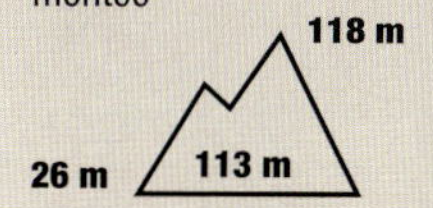

B BALISAGE **L5-1**
jaune

À DÉCOUVRIR...

> En chemin :
- Asnières-sur-Oise : abbaye de Royaumont fondée en 1228 par le roi Louis IX (saint Louis)
- Viarmes : église Saint-Pierre-Saint-Paul XIIIe-XIVe, château XVIIIe, fontaine aux moines (se visite)

> Dans la région :
- Asnières-sur-Oise : pont de Thève (ancien moulin)
- marais de Baillon

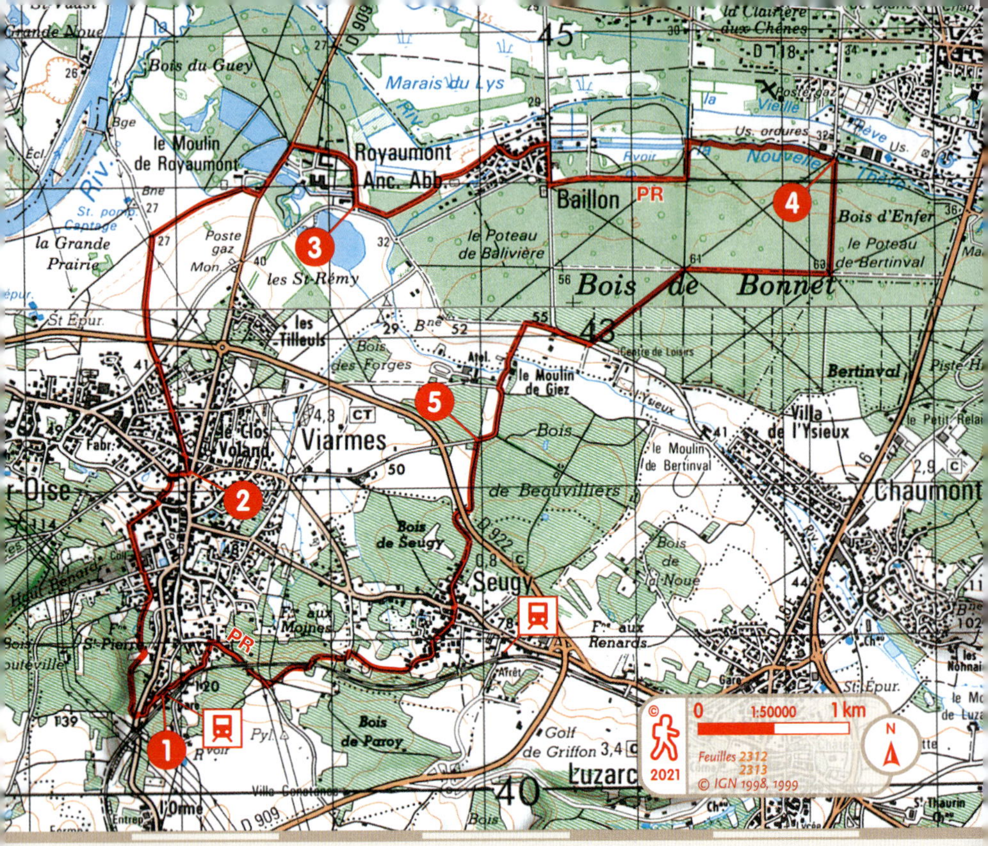

PATRIMOINE

LE RÉSEAU D'EAU DE ROYAUMONT

Le site sur lequel fut bâtie au XIIIe siècle l'abbaye de Royaumont offrait un potentiel hydraulique important. Pour alimenter en eau les bâtiments qui allaient les abriter, les moines construisirent un réseau d'approvisionnement encore utilisé aujourd'hui. Des canalisations en pierre captent au sommet de la colline de Viarmes l'eau de plusieurs sources et la mènent jusqu'au réfectoire de l'abbaye. Prévoyants, les moines installèrent pour la surveillance et l'entretien des galeries, toujours en parfait état, de multiples regards et bassins. L'entrée de ce réseau souterrain, connue sous le nom de « Fontaine aux moines », se situe sur la commune de Viarmes.

Pour alimenter en eau courante leurs étangs, ils détournent le cours de la Thève et de l'Ysieux. Cette zone est aujourd'hui une réserve naturelle offrant une grande diversité d'espèces de faune et flore.

LA THÈVE / PHOTO COMITÉ 95

L'eau des moines : la Thève et l'Ysieux

35

4 h
17 km

Cet itinéraire offre de superbes points de vue sur Viarmes et la vallée de l'Oise, et permet de découvrir l'abbaye de Royaumont et son système hydraulique : la Nouvelle Thève et l'Ysieux.

1 Quitter la gare par l'avenue Foch à gauche. Traverser la D 909 au rond-point et emprunter la ravine à droite jusqu'à la rue de Verdun. Tourner à gauche par la ruelle Saint-Pierre, puis suivre la ruelle de l'Auge à gauche. Tourner à gauche devant le collège, puis continuer rue de la Fontaine-d'Amour. Un virage à droite conduit à la rue du Gaudron ; la prendre à gauche sur 20 m, puis tourner à droite dans la ruelle du Fréchot. Rejoindre à droite le carrefour Charles-de-Gaulle.

2 Prendre à gauche la rue Champion-Mazille et la rue de Boran. Traverser la D 922 (**⚠ > prudence !**) et poursuivre sur le chemin en face. Au croisement, bifurquer à droite pour longer le moulin de Royaumont. Prendre la D 909 à gauche sur 350 m en passant devant les étangs. Tourner à droite en direction de l'abbaye de Royaumont.

3 Environ 100 m après l'entrée principale, prendre à gauche avant le pont, l'allée de la Reine-Hortense. Passer devant la maison du Marais. À Baillon, suivre à droite la rue des Marais, puis à droite la rue S.-Soulas. Au cimetière, longer à gauche le château de Baillon. Au bout du mur, tourner à gauche, puis longer la Thève à droite sur 1 km.

4 S'engager à droite, route du Blanc-Champ jusqu'au poteau de Bertinval, puis à droite, route de Baillon jusqu'au poteau de la Croix Bleue. Continuer à gauche par le layon Antheaume jusqu'à la route ; la suivre à droite. Au virage, aller en face, puis à gauche vers le centre équestre du moulin de Giez. Franchir l'Ysieux et emprunter à gauche la route de Giez.

5 Après le virage à droite, avancer à gauche en lisière du bois de Beauvilliers par le chemin de Giez à Seugy. Passer sous la D 922, puis bifurquer par la rue de Giez. Au rond-point, aller en face, rue de la Fontaine, passer ainsi devant le lavoir de Seugy. Prolonger par le chemin de la Madeleine. Au bout de la piste, monter vers le bois à gauche (GR® 1). Passer sur la voie ferrée, prendre à droite le chemin de Champlâtreux qui franchit à son tour la voie ferrée, puis à gauche le chemin de la Justice jusqu'à la gare de Viarmes.

S SITUATION
Viarmes, à 30 km au nord de Paris par les N 1 et D 909
Coordonnées UTM : 31 T 453900-5440660

P PARKING
gare

T TRANSPORT
gare du Nord ligne H direction Luzarches

/ DÉNIVELÉE
altitude mini et maxi, dénivelée cumulée à la montée

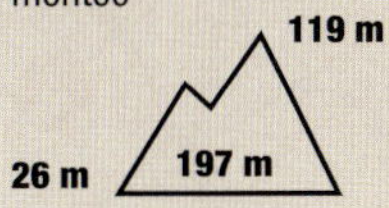

B BALISAGE **L5-2**
jaune

À DÉCOUVRIR...

> En chemin :
- Asnières-sur-Oise : moulin et abbaye de Royaumont

> Dans la région :
- Viarmes : église Saint-Pierre-Saint-Paul XIIIe–XIVe, château XVIIIe, fontaine aux moines (se visite)
- Luzarches : halle en bois XIVe rebâtie en 1740, église Saint-Côme-Saint-Damien, château
- Asnières-sur-Oise : pont de Thève (ancien moulin)

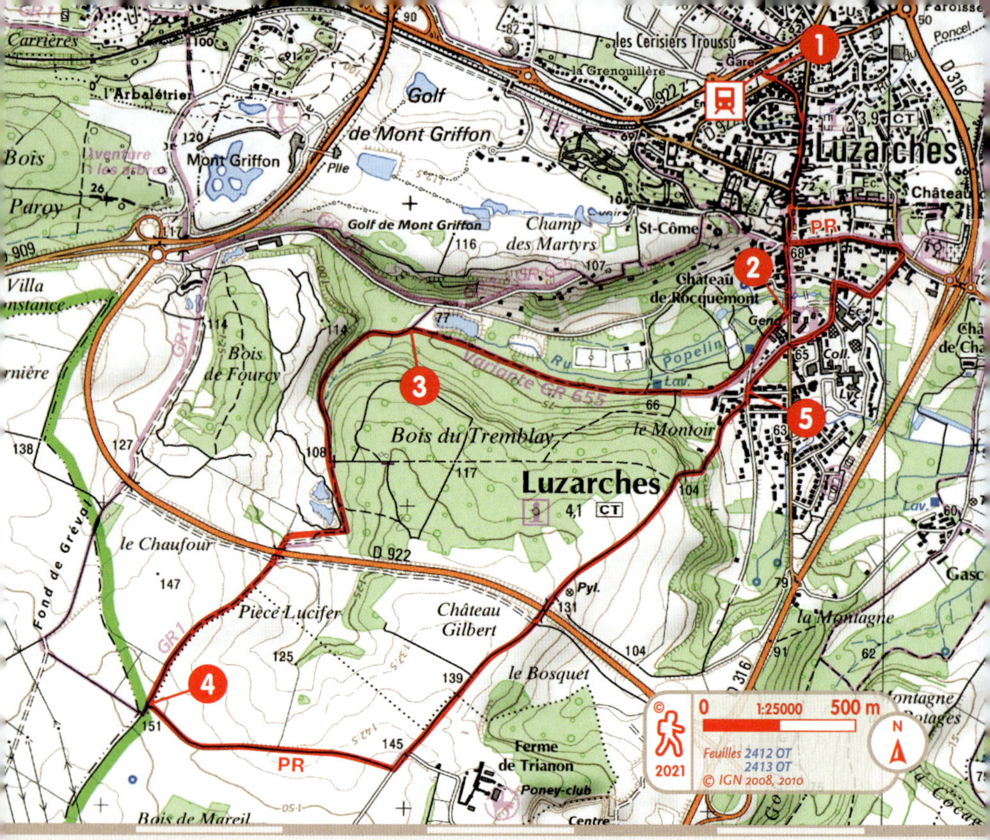

HISTOIRE

Luzarches

Lieu de justice au VIIe siècle, donnée par Charlemagne aux religieux de Saint-Denis, Luzarches se retrouva au XIe siècle dans la seigneurie des comtes de Beaumont. En 1160, Jean de Beaumont rapporta de croisade les reliques des frères Côme et Damien, saints patrons des médecins et chirurgiens ; Luzarches devint pour plusieurs siècles un lieu de pèlerinage. Place forte dès le XIIe siècle, la ville était entourée de remparts dont subsiste aujourd'hui la porte Saint-Côme. Prise par les Anglais au début du XVe siècle, délivrée par Jeanne d'Arc en 1429, elle revint à la famille d'Orléans. Relais de poste sur la route d'Amiens, Luzarches comptait au XVIIe siècle 16 auberges et hôtelleries. L'arrivée du chemin de fer en 1880 conduisit la bourgeoisie parisienne fortunée à Luzarches, qui connut alors un fort développement.

L'ÉGLISE, VUE DE THIMÉCOURT / PHOTO COMITÉ

Le **bois** du **Tremblay**

2h40
8km

Ce circuit propose des points de vue sur l'est de la vallée de l'Ysieux et le golf du Mont-Griffon.

1 De la gare, prendre face au parking, la rue E.-Satie, puis à droite la rue du Maréchal-Joffre et la rue du Pontcel. Passer devant la halle et continuer tout droit la rue Charles-de-Gaulle.

2 S'engager à droite sur le Vieux-Chemin-de-Paris (balisage jaune trèfle 4), passer devant un abreuvoir. Au croisement en Y, rester à droite pour emprunter le chemin Vert.

> Au niveau du stade, possibilité de descendre à droite pour voir le lavoir de Rocquemont.

3 Au bout du chemin, tourner à gauche (GR® 1) et remonter en longeant la clôture du golf. Tourner à droite toujours le long de la clôture. Passer sous le tunnel de la déviation et monter en face jusqu'au carrefour dit de Lucifer [👁 > panorama sur la plaine].

4 Laisser le GR® 1, pour prendre à gauche le chemin en bordure de champ et arriver sur une route ; la prendre à gauche sur quelques mètres et descendre par le chemin en face (barrière métallique) [👁 > ferme du Trianon à droite]. Passer près de l'antenne [👁 > point de vue vers l'est et la vallée de l'Ysieux], descendre par le chemin jusqu'au pont qui enjambe la déviation. Après le pont, continuer tout droit le long des champs. En entrant dans le bois, descendre à droite par le raidillon qui débouche rue du Vieux-Chemin-de-Paris ; la suivre à gauche sur quelques mètres.

5 Obliquer à droite dans la rue du Montoir, traverser la rue Charles-de-Gaulle, prendre la rue des Selliers, puis tourner à droite, rue des Gantiers. Rue Saint-Damien, partir à gauche et retrouver la gare par la droite.

Bois du Tremblay / photo Comité 95

S SITUATION
Luzarches, à 30 km au nord de Paris par la N 16
Coordonnées UTM :
31 T 457750-5440640

P PARKING
gare

T TRANSPORT
gare du Nord ligne H direction Luzarches

/ DÉNIVELÉE
altitude mini et maxi, dénivelée cumulée à la montée

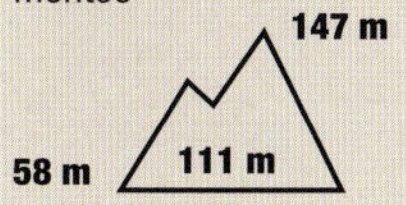

B BALISAGE **L10**
jaune et trèfle jaune 4

À DÉCOUVRIR...

> En chemin :
- Luzarches : remparts, porte Saint-Côme, halle en bois XIVe rebâtie en 1740, église Saint-Côme-Saintt-Damien, château
- lavoir de Rocquemont
- points de vue

> Dans la région :
- forêt de Carnelle : Pierre Turquaise
- Saint-Martin-du-Tertre : tour du guet, château de Franconville (copie du château de Maisons-Laffitte, 1876), obélisque du méridien de Paris XIXe

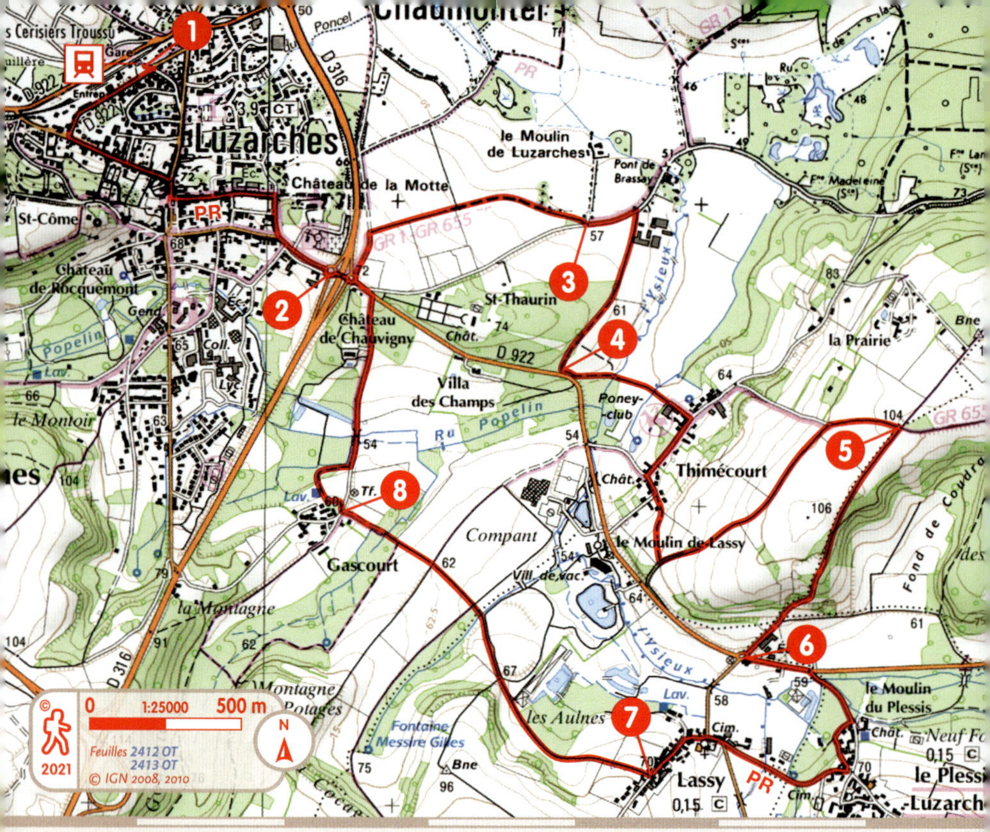

HISTOIRE

Les lavoirs couverts

« Le XIXe siècle aura été le siècle de l'hygiène publique » : sous Napoléon III, le Conseil d'hygiène et de salubrité publique fit voter la loi du 3 février 1851, ouvrant un crédit de six cent mille francs aux communes pour les inciter à bâtir des bains et lavoirs publics, au profit des classes « laborieuses ». Les hygiénistes (médecins, chimistes ou administrateurs) estimaient que la propreté était nécessaire à une bonne santé, l'assainissement des logis et utile à la dignité humaine.

Les lavandières se rendaient au lavoir avec leur brouette chargée de la lessiveuse, du battoir, de la niche de bois garnie de paille, la brosse de chiendent et le savon.

Lavoir Gascourt / photo Comité 95

De **hameaux** en **lavoirs**

37

2h30
11km

Au XVIIIe siècle, la volonté d'introduire l'hygiène dans les pratiques domestiques a conduit les autorités à favoriser la construction de lavoirs couverts. Quelques spécimens se trouvent sur l'itinéraire.

1 En sortant de la gare, prendre à droite le boulevard de la Fraternité et au bout à gauche la rue Vivien. Puis, tourner à droite rue du Pontcel sur 10 m. Tourner à gauche rue Bonnet qui se prolonge par une place arborée puis, à droite rue de l'Abbé-Soret. Au stop, prendre à gauche la rue Saint-Damien. Dépasser l'église et le parking du cimetière.

2 Sortir de la ville, traverser le pont sur la N 1016 et tourner à gauche (suivre le GR® 1). Au premier carrefour, emprunter le sentier à droite et poursuivre à travers champs.

3 En arrivant sur la petite route, la suivre sur 100 m. Puis, au niveau des maisons, tourner à droite et longer le bois.

4 En bas d'un chemin creux, au niveau de la D 922, tourner à gauche. Après avoir traversé l'Ysieux et longer le Poney club, tourner à droite dans la rue. Traverser le village de Thimécourt, au stop tourner à gauche puis encore à gauche sur le trottoir. Au carrefour suivant, aller à gauche dans un chemin creux.

5 Tourner à droite puis à nouveau à droite en quittant le GR®. Suivre le chemin jusqu'à la D 922.

6 Prendre la D 922 par la gauche sur 200 m puis à droite en direction du Plessis-Luzarches. À l'entrée du village, tourner à droite dans la rue de l'Abreuvoir et monter la rue de la Fontaine-au-Coq. Sur la place des Tilleuls, prendre à droite. Traverser la D 47 pour arriver au village de Lassy, passer devant l'église puis tourner à droite pour voir le lavoir et revenir.

7 Avant la sortie du village, prendre à droite et continuer le chemin à droite.

8 En arrivant au hameau de Gascourt, traverser une petite route et prendre en face le sentier qui longe un mur. Tourner à droite et rejoindre une petite route. Arriver sur la D 922, tourner à gauche et retrouver le pont enjambant la N 1016 et le cimetière de Luzarches **2**.

S SITUATION
Luzarches à 50 km au nord de Paris par les A 1, A 104, D 316 et D 922
Coordonnées UTM :
31 U 0457698-5440669

P PARKING
gare

T TRANSPORT
Accès gare SNCF : Paris gare du Nord

/ DÉNIVELÉE
altitude mini et maxi, dénivelée cumulée à la montée

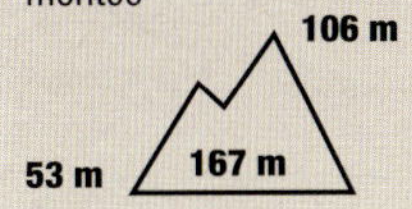

B BALISAGE **L14**
jaune

À DÉCOUVRIR...

> En chemin :
- Luzarches : halle du XIVe, église, lavoirs
- Thimécourt : château
- Lassy : église, lavoir
- Le Plessis-Luzarches : église, lavoir
- Gacourt : lavoir

> Dans la région :
- Asnières-sur-Oise : abbaye de Royaumont
- Viarmes : église XIIIe – XIVe, château XVIIIe, fontaine aux Moines
- Saint-Martin-du-Tertre : tour du Guet, château de Franconville

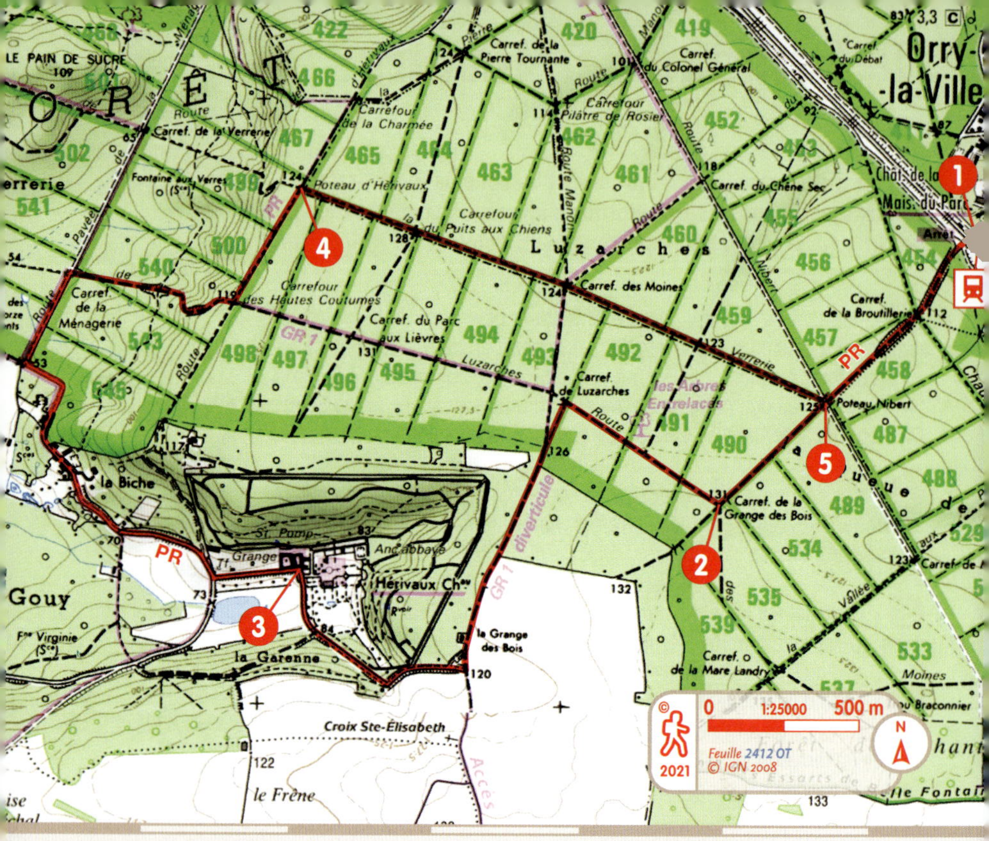

FAUNE ET FLORE

LES ESSENCES DE LA FORÊT DOMANIALE

Le hêtre est une essence d'ombre, avec un feuillage dense assurant des sous-bois très dégagés. Sensible aux grands froids et aux fortes chaleurs, ses racines superficielles le rendent vulnérable aux tempêtes.

Haut de 20 à plus de 40 mètres, le chêne sessile est rustique et tolérant. Il peut être planté en futaie dense et donne un bois de haute qualité. Il peut vivre plus de 500 ans.

Le noisetier est le premier arbre qui fleurit dans la forêt. Les baguettes de coudrier utilisées par les sourciers sont faites de ses branches.

Essences de lumière ou demi-ombre, on trouve le tilleul à petites feuilles dont le pollen permet aux abeilles de donner un miel réputé.

CHÊNE ET HÊTRE ENTRELACÉS / PHOTO PNROPF

Dans la **forêt** des **moines**

38

2h30
9km

Parcours en forêt à la découverte d'essences d'arbres traditionnels – hêtre, chêne, noisetier et tilleul.

1 Après la passerelle sur la voie ferrée, prendre le chemin en face. Au carrefour de la Broutillerie, poursuivre tout droit dans le chemin creux. Passer le carrefour du poteau Nibert et continuer tout droit jusqu'au carrefour de la Grange des bois.

2 Tourner à droite. Suivre le chemin sur 350 m environ [👁 > pour trouver à 20 m sur la droite deux arbres enlacés –hêtre et chêne]. Reprendre le chemin et au carrefour suivant, emprunter le sentier à gauche. Passer une barrière et poursuivre tout droit le long d'un grillage. À la sortie de la forêt, continuer tout droit en longeant un champ. Après le hangar agricole, prendre à droite la route en descente.

3 Au château, tourner à gauche le long du mur de la ferme puis prendre la route à droite pour arriver au hameau de la Biche. Suivre le chemin sur la droite puis à gauche pour prendre la route pavée à droite (GR® 1) jusqu'au carrefour de la Ménagerie. Tourner à droite sur le chemin de Luzarches (parcelle 543/540) puis prendre à gauche la direction du poteau d'Hérivaux.

4 À ce carrefour, tourner à droite sur la route de la Verrerie. Continuer tout droit, passer le carrefour « la Croix des moines » et retrouver le poteau de Nibert.

5 Retrouver la gare en suivant le chemin à gauche.

ÉTANG D'HÉRIVAUX / PHOTO PNROPF

S SITUATION
Orry-la-Ville à 60 Km au nord-est de Paris et de Cergy-Pontoise par l'A 1
Coordonnées UTM :
31 U 0436878/5441701

P PARKING
maison du Parc naturel régional Oise-Pays-de-France et gare

T TRANSPORT
Accès train par le RER D gare de la Borne-Blanche

/ DÉNIVELÉE
altitude mini et maxi, dénivelée cumulée à la montée

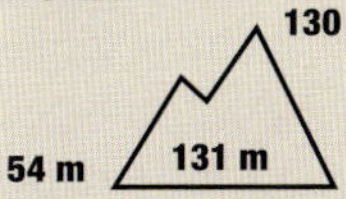

B BALISAGE **L12**
jaune

À DÉCOUVRIR...

> En chemin :
- diverses essences d'arbres : hêtre, chêne, noisetier, tilleul
- Hérivaux : abbaye

> Dans la région :
- Coye-la-Forêt : église néogothique, petit pont sur la Thève, château
- Asnières-sur-Oise : abbaye de Royaumont
- Commelles : étangs

HISTOIRE

ARCHÉA

ARCHÉA est un musée d'archéologie ouvert en septembre 2010, à Louvres. Au sein d'un bâtiment contemporain, il propose de découvrir l'histoire du Pays de France, au nord-est de Paris, à travers le résultat des recherches archéologiques menées depuis 40 ans. Près de 750 objets issus de 87 sites archéologiques présents dans les collections du musée sont présentés au sein d'une exposition permanente vivante et interactive. Bornes vidéo, projections numériques, reconstitutions, éléments à manipuler et maquettes aident à mieux saisir cette histoire. ARCHÉA, c'est aussi le site archéologique du château d'Orville et le patrimoine céramique de la vallée de l'Ysieux dont la découverte permet de comprendre le travail des archéologues au quotidien.

MUSÉE ARCHÉA / PHOTO J.-Y.-L. / CARPF

Des animations sont organisées toute l'année : des visites en famille du musée les dimanches après-midi, des ateliers pour les enfants à partir de 4 ans, ainsi que des ateliers pratiques pour les adultes. Régulièrement, des rencontres avec des archéologues sont proposées. Le musée accueil deux expositions temporaires par an.

Tout le programme est à retrouver sur www.archea.roissypaysdefrance.fr

PATRIMOINE

MUSÉE FRANÇOIS MAURIAC

« Je suis à Vémars où je fais de gros travaux. J'aurai un cabinet en haut de la maison avec une adorable vue sur le Valois »

Écrivain illustre, bien qu'attaché à ses racines bordelaises, François Mauriac, s'installa à Vémars, en 1950 après avoir hérité de la Maison de sa belle-mère. Le « *Prix Nobel* » entreprit de bouleverser de fond en comble la maison, de se débarrasser du décor « bonbonnière du Second Empire », dont il se moquait dans une lettre à Marcel Proust (« Lettres d'une Vie »), pour y planter le sien -murs blancs et des tableaux qu'il se plaisait à changer de place-. Il fut heureux dans son cabinet de travail, « *en haut de la maison avec une vue adorable sur le Valois* », dans le jardin « *merveille de fraîcheur, de paix, de solitude* », ce jardin d'où il découvrait le cimetière voisin ancré en pleine argile, où il décida, en août 1958, de faire creuser sa tombe et où il repose pour l'éternité auprès de sa femme.

Visite gratuite – Mairie de Vémars, rue Léon Bouchard, 95470 Vémars.

Mairie de Vémars / photo Comité 95

TECHNIQUES

Les potiers de la vallée de l'Ysieux

Céramiques du XIIIe siècle / photo J.-Y.-L. / CARPF

L'Ysieux, qui prend sa source à Fosses en limite de la plaine de France, court sur une couche d'argile qui affleure au fond de la vallée.

Dès le Ve siècle, les potiers, travaillant ce type de terre, furent nombreux à s'installer dans la vallée pour exploiter cet important gisement. En effet, des ateliers datant de la période gallo-romaine ont été découverts sur la commune de Lassy, lors de fouilles menées par l'association JPGF de Villiers-le-Bel.

Progressivement, l'activité potière devient une véritable industrie locale. Aux IXe et Xe siècles, les poteries de Fosses sont diffusées dans toute la région. Le nom de Fosses lui-même a pour origine les « fosses », c'est-à-dire les trous creusés pour extraire la terre.

Si la production céramique est importante, elle est également variée selon les périodes, allant de l'ustensile utilitaire au véritable objet d'art.

L'activité dura pendant 1 500 ans et ne cessa qu'au début du XIXe siècle. Les descendants des potiers quittèrent la région et les traces laissées par l'activité s'estompèrent. Il fallut donc une succession de hasards pour redécouvrir ce passé : des tessons de poterie médiévale mis au jour lors de terrassements et, entre 1991 et 2001, des fouilles permirent de découvrir dix-huit secteurs de production sur la ville de Fosses. Une partie de ces découvertes est visible au musée ARCHÉA.

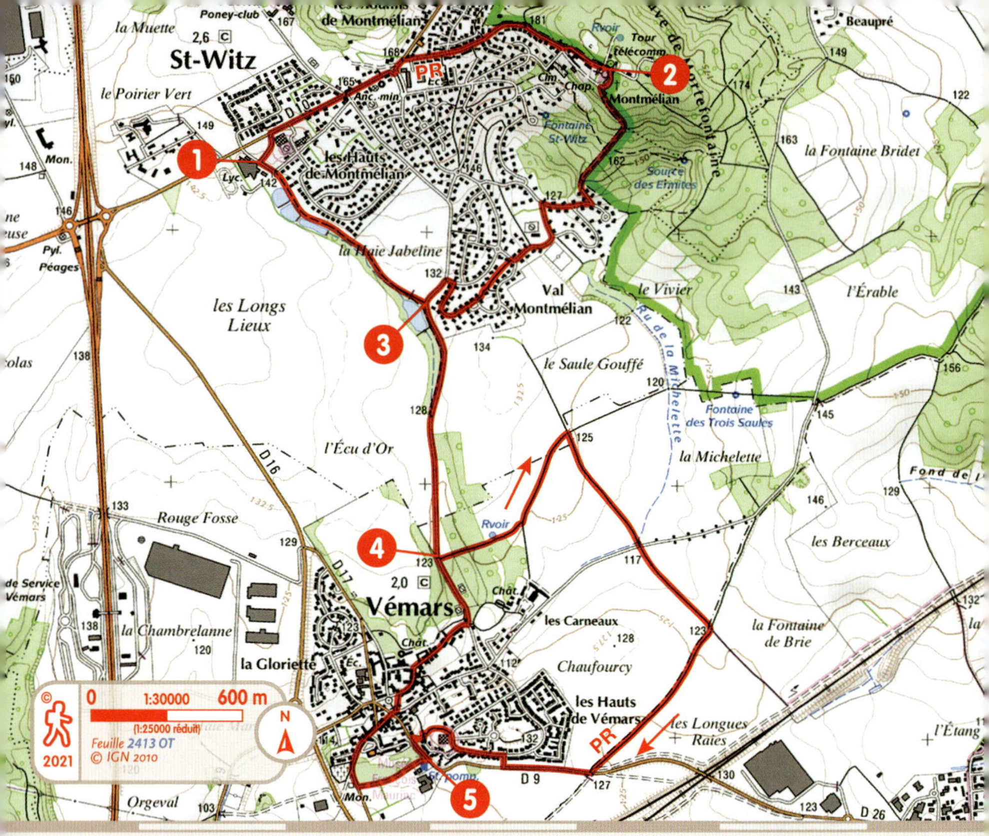

PATRIMOINE

LA TOUR DE LA BUTTE DE MONTMÉLIAN

Située sur la butte témoin de Montmélian, une colline épargnée par l'érosion, la tour de Saint-Witz fut probablement édifiée au XIIIe siècle. Érigée afin de voir et d'être vue, cette tour est la dernière partie encore en élévation d'un édifice qui devait être plus grand. Plusieurs châteaux se sont succédés sur la colline, l'un d'eux était placé sur une motte de terre, celle-ci fut élevée par des personnes au Moyen Âge et est encore visible aujourd'hui (à l'est de la rue Charles-Péguy).

LA TOUR DE SAINT-WITZ / PHOTO J.-Y.-L. / CARPF

De **Charles Péguy** à **François Mauriac**

Le poète, Charles Péguy a passé son avant dernière nuit dans la chapelle Notre-Dame de Montmélian avant de trouver la mort au front. Le prix Nobel de littérature, François Mauriac, a terminé sa vie dans sa propriété où un musée lui rend hommage.

1 Traverser le parking, pour rejoindre la rue de Paris (D 10). Passer devant le moulin de Saint-Vy et continuer la rue de Paris. Après le centre commercial, prendre à droite la rue de Montmélian et la suivre jusqu'au bout. Arriver au carrefour, tourner à gauche dans la rue de la Tour-Carrée [> ruine]. À la tour Télécom, prendre à droite à la chapelle.

2 Continuer jusqu'à une partie goudronnée et tourner à gauche dans le chemin entrant dans le sous-bois. Descendre jusqu'à une barrière et prendre la sente qui mène dans un lotissement. Tourner à droite rue du Trou-Nizea. Sur la place, continuer en face dans la rue des Étangs. Au stop, tourner à gauche et poursuivre la rue des Étangs. Tourner à droite rue de la Fosse-aux-Boucs et longer le terrain de sport. Tourner à droite rue des Treize-Saules et à gauche, prendre le chemin de l'Écu-d'or. Sur la place, reprendre en face la rue des Treize-Saules. Au bout, tourner à gauche, rue des Sillons-de-Boulanger.

3 Prendre à gauche la route de Vémars. À la sortie de Saint-Witz, prendre le chemin longeant les étangs. Continuer sur le trottoir jusqu'au mur.

4 Longer à gauche le mur en sous-bois. À la fourche, tourner à gauche puis à droite au carrefour. Traverser la route menant à Vémars et continuer tout droit sur le chemin agricole. Prendre le premier chemin à droite jusqu'à la D 9. Tourner à droite vers Vémars. Après l'arrêt de bus, tourner à droite puis à gauche dans l'avenue des Dix-Arpents. Après la rue du Vieux-Moulin, prendre à gauche la voie sans issue (tennis). À droite du terrain de basket, prendre une petite allée à gauche puis tout de suite à droite. Descendre un escalier jusqu'à la rue (D 9), emprunter le trottoir qui remonte sur la gauche.

5 Prendre le premier chemin à droite qui se transforme en rue. Tourner à droite dans la rue Léon-Bouchard et passer devant la mairie [> musée François-Mauriac]. Redescendre vers le centre de Vémars. Prendre la rue de la Croix-Boissée à droite. Continuer en face la rue qui longe l'église. En haut, prendre à droite la rue Charles-de-Gaulle. Suivre à droite la rue Louis-Pasteur jusqu'à la grille du château puis à gauche la rue du Jeu-d'Arc et longer le mur du château pour retrouver le point **4** qui ramène à Saint-Witz. À l'entrée de Saint-Witz **3**, prendre à gauche le chemin qui longe les étangs et vous ramène à l'avenue des Joncs.

39

2h45
11km

S SITUATION
Saint-Witz
à 31 km de Paris et 9 km de l'aéroport Roissy-Charles-de-Gaulle
Coordonnées UTM :
31 U 0467900-5437381

P PARKING
complexe sportif

/ DÉNIVELÉE
altitude mini et maxi, dénivelée cumulée à la montée

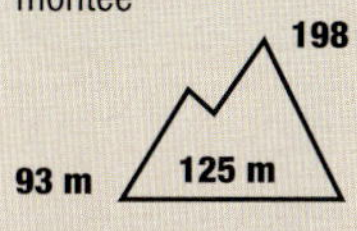

B BALISAGE **PF6**
jaune

À DÉCOUVRIR...

> En chemin :
- Montmélian : chapelle, donjon
- musée François Mauriac

> Dans la région :
- Marly-la-Ville : église XIIIe
- Louvres : musée ARCHÉA, église XVe
- carrière du Guépelle (ENS)

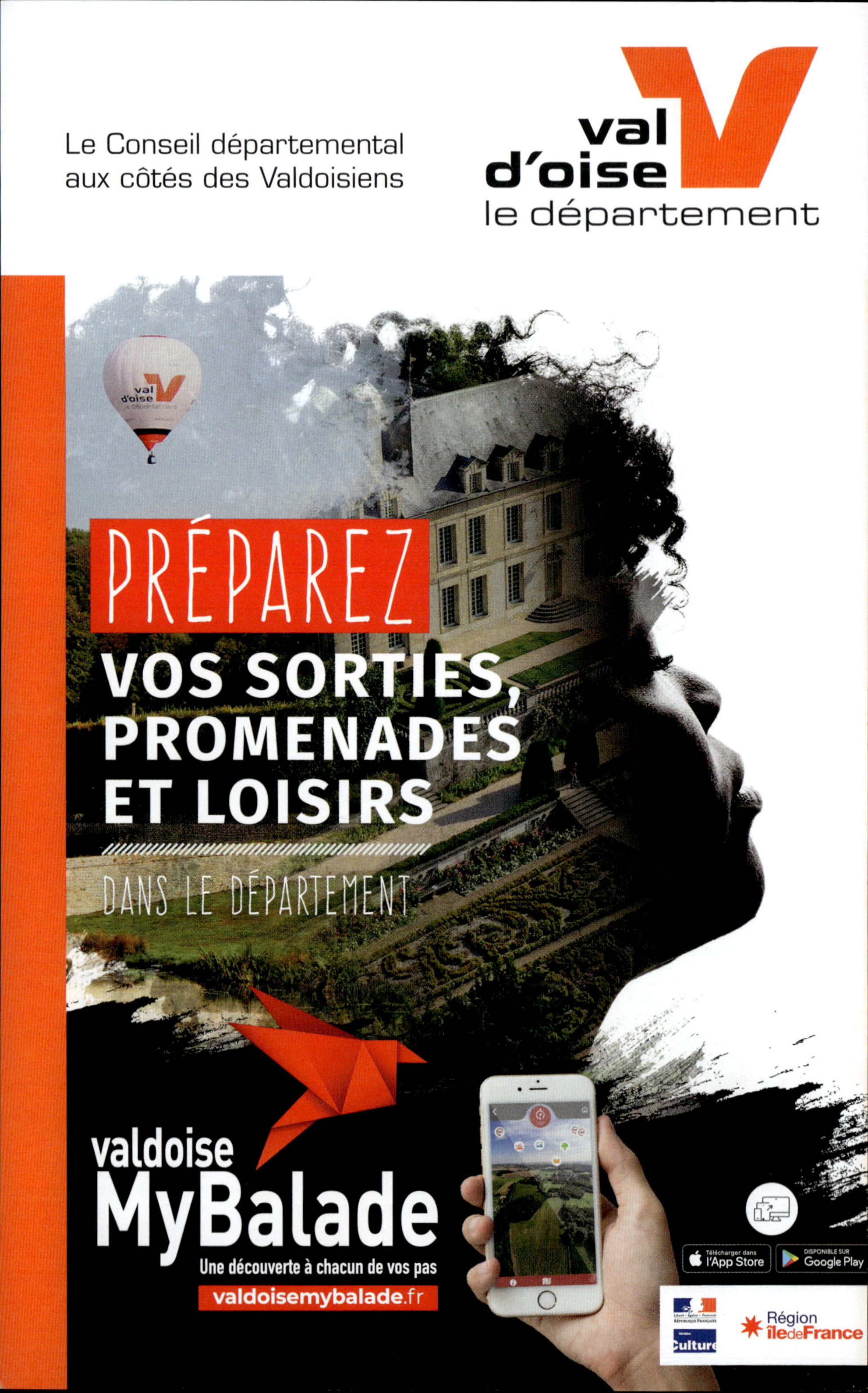
Le Conseil départemental
aux côtés des Valdoisiens
val d'oise
le département
PRÉPAREZ
VOS SORTIES, PROMENADES ET LOISIRS
DANS LE DÉPARTEMENT
valdoise
MyBalade
Une découverte à chacun de vos pas
valdoisemybalade.fr
Télécharger dans l'App Store
DISPONIBLE SUR Google Play
Culture
Région îledeFrance

Le Conseil départemental
acteur majeur du développement durable

val d'oise
le département

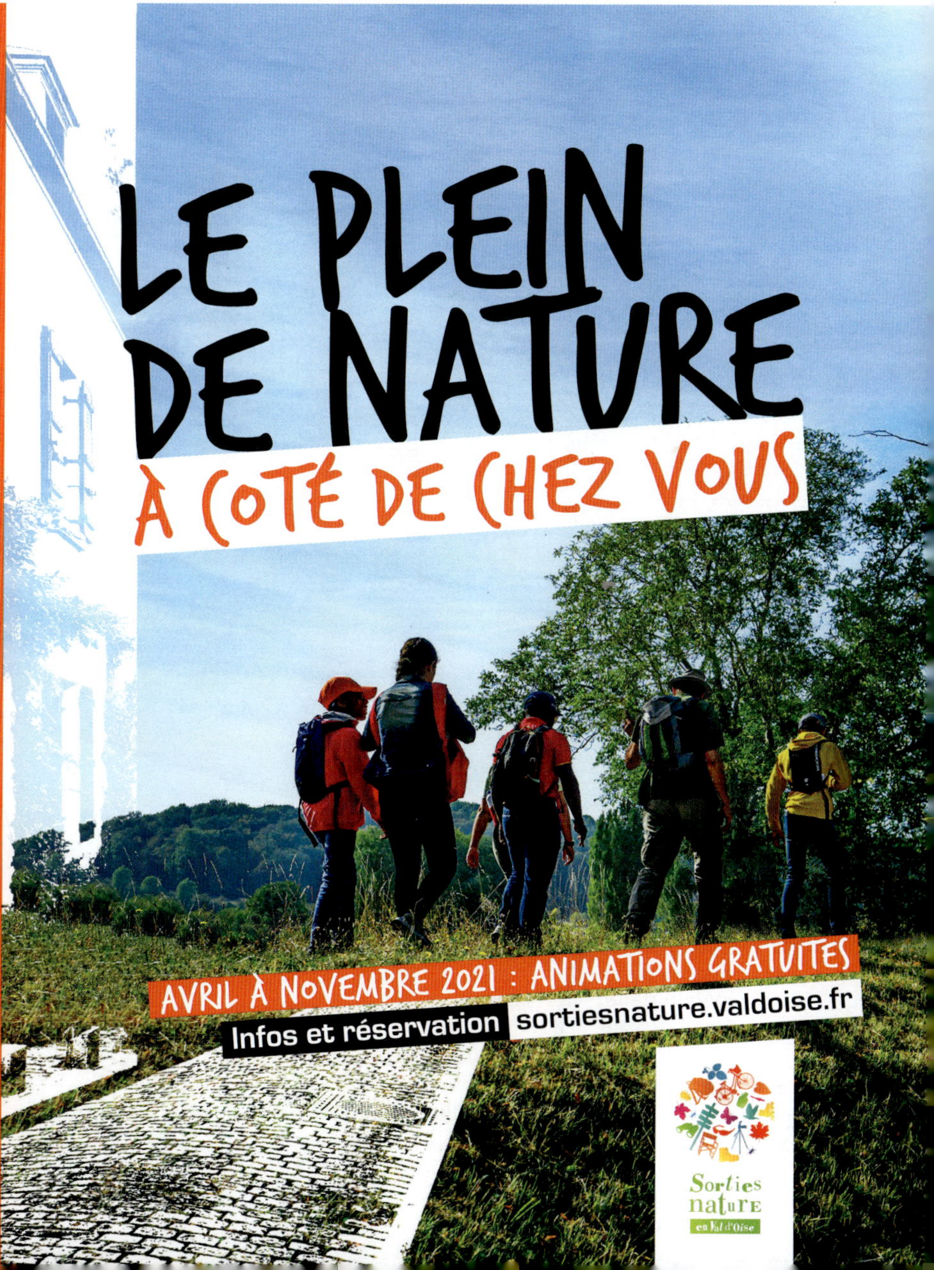

Partez bien équipé avec Rando Pass
TopoGuides
La Haute Traversée de Belledonne
Le sentier des bergers
Grande Randonnée
Promenade & Randonnée
Rando Pass
N° adhérent :
Date d'expiration :
28€ Valable un an (date à date), souscrire sur
www.MonGR.fr
VOS AVANTAGES
✓ Assurance et assistance
✓ Informations exclusives
✓ Bons plans et réductions
✓ boussole
✓ Topo guide
✓ lunette de soleil
✓ crème solaire
✓ couteau suisse
✓ gourde
✓ saucisson
✓ barres énergétiques
✓ Chaussures de rand
✓ sac à dos
✓ Bâtons
✓ Veste
✓ RandoPass
FFRandonnée
www.ffrandonnee.fr

✓ Depuis plusieurs dizaines d'années, les bénévoles du Comité départemental de la randonnée pédestre du Val d'Oise, référents et baliseurs, ont créé plus de cent itinéraires PR, et ont participé à la création de quatre GR® (GR® 1, GR® 2, GR® 11, GR® 655) et de deux GR® de Pays (*de la Ceinture verte* et *de la Vallée de l'Epte*) qui traversent le département. Ils continuent d'en créer de nouveaux.

✓ Les référents actuels du comité (Alain Carbillet, Bernard Angot, Christian Pillard, Didier Daumain, Jean Valdèse, Jean-Louis Chabin, Yvelise Chéramy, Yves Hamandjian) modifient les tracés de ces sentiers en fonction des nécessités liées à la sécurité (murs dangereux, voies fermées, traversées de routes (ou autoroutes)) mais également en fonction de leur intérêt touristique.

✓ Le balisage et l'entretien des 1 800 km de sentiers sont assurés par les référents et les baliseurs du comité, une fois par an.

✓ Il convient de remercier le Conseil départemental du Val d'Oise qui subventionne l'entretien des chemins balisés.

✓ Les descriptifs et les textes thématiques ont été rédigés et vérifiés par : Alain Carbillet, Bernard Angot, Christian Pillard, Didier Daumain, Jean Valdèse, Jean-Louis Chabin, Yvelise Chéramy, Yves Hamandjian, Patrice Dacquin, Michel Picquenot, le Parc naturel régional du Vexin français, le Parc naturel régional Oise - Pays de France, Val d'Oise Tourisme, l'office de tourisme de Cergy-Pontoise, le Domaine de Villarceaux et le musée Archéa.

✓ Le texte « Découvrir le Val d'Oise » a été rédigé par Anne-Marie Minvielle et le comité FFRandonnée 95.

✓ Les photos sont de : comité FFRandonnée Val d'Oise (comité 95), Conseil départemental du Val d'Oise (CD95), Jean-Yves Lacôte/Communauté d'agglomération Roissy-Porte de France (J.-Y.L./CARPF), musée Daubigny, office de tourisme de Cergy-Pontoise (OT Cergy-Pontoise), Parc naturel régional du Vexin français (PNRVF), Parc naturel régional Oise - Pays de France (PNROPF), Sylvain Daguenet (S.D.), ville de Belloy-en-France, ville d'Écouen, Domaine de Villarceaux/Région Île-de-France, musée des tramways à vapeur et secondaires (MTVS), Thomas Garcia/CD95 (T.G./CD95), et Rando et Nature Vauréal (R&N Vauréal).

✓ Les illustrations sont de Pascal Robin (P.R.) et Jérôme Bazin (J.B.).

✓ Responsable de production éditoriale : Isabelle Lethiec. Développement et suivi collectivités territoriales : Patrice Souc. Secrétariat d'édition : Séverine Chesseboeuf, Marie Fourmaux, Émilie Guillier, Aurélie Gilfrich. Cartographie, couverture et SIG : Frédéric Luc, Olivier Cariot, Jérôme Pointeau. Mise en page et suivi de fabrication : Jérôme Bazin, Auriane Dupont. Corrections techniques : Marie-France Hélaers. Lecture et corrections : Michèle Rumeau, Philippe Lambert, Pierre-Louis Durand, Christine Pousse, Éric Chesney. Création maquette et design couverture : MediaSarbacane.

Cette opération a été réalisée avec le concours du Conseil départemental du Val d'Oise et de la Fédération française de la randonnée pédestre.

INDEX

GÉOGRAPHIQUE

INDEX THÉMATIQUE

Achevé d'imprimer en France sur les presses de Chirat, Saint-Just-la-Pendue
selon les normes de la certification PEFC®

PEFC 10-31-1895